Weekends für Geniesser
Band 2

Für Meriel

Gabrielle Attinger

Weekends für Geniesser

Band 2

20 neue Tipps für Kurzferien in der Schweiz

Die Angaben in diesem Buch wurden nach bestem Wissen und Gewissen zusammengestellt und entsprechen dem Stand von Frühling 2013. Verlag und Autorin übernehmen jedoch keine Gewähr für deren Richtigkeit.

Idee, Konzept und Text Gabrielle Attinger

Lektorat Linda Malzacher

Gestaltung und Satz Claudia Neuenschwander

Druck Bodan AG Druckerei und Verlag, Kreuzlingen

gedruckt in der **schweiz**

ISBN 978-3-85932-699-6
www.werdverlag.ch
www.weberverlag.ch

Inhalt

Vorwort

Weekendreisen sind ein Kulturgut: Abgesehen vom Fussball ist wohl kaum eine Wochenendbeschäftigung so beliebt wie eben diese, wegzufahren, eine oder zwei Nächte ausserhalb der eigenen vier Wände zu verbringen und eine andere Umgebung zu geniessen. Je näher das Reiseziel liegt, desto mehr Zeit bleibt für den Genuss. Das ist wohl einer der Gründe, weshalb der erste Band von «Weekends für Geniesser» so erfolgreich war und ist. Er beschreibt 20 Wochenendziele in der Schweiz und im benachbarten Ausland und ist inzwischen in der vierten Auflage erschienen.

Zeit also für neue Tipps. Der vorliegende zweite Band vereint wiederum 20 Tipps für Weekends in der Schweiz und in Grenznähe. Es sind Reiseziele für das ganze Jahr, aber auch solche, die in einer bestimmten Jahreszeit am schönsten sind. Darunter sind berühmte Destinationen wie Gstaad oder das Oberengadin sowie weniger bekannte wie Charmey im Freiburgerland oder das Val Ferret an der Grenze zu Italien.

Der Aufbau bleibt praktisch: Im Zentrum jedes Tipps steht eine schöne Unterkunft, die sich als Ausgangspunkt für die verschiedenen Aktivitäten am besten eignet. Für jeden Tag des Aufenthalts gibt's einen Vorschlag für ein ganztägiges Programm, einen für Langschläfer sowie eine Schlechtwettervariante. Alle Tipps sind mit Angaben zu Öffnungszeiten, Telefonnummern und Fahrzeiten versehen. So gestalten sich die kleinen Ferien ganz entspannt: Sie wissen schon im Voraus, wo Sie einkehren und eventuell vorgängig einen Tisch reservieren könnten, wann die Bergbahn fährt und wo Sie ein Mietvelo erhalten. Einmal am Reiseziel angekommen, kann es also gleich losgehen – mit diesem Führer in der Tasche sind Sie von Anfang an sach- und ortskundig. Dank vielen Hintergrundinformationen lernen Sie Ihr Reiseziel zudem viel besser kennen, als dies mit den gängigen Broschüren und Websites möglich wäre.

Jedes der beschriebenen Reiseziele ist auf seine Art einzigartig. Geniessen Sie es – das Lesen wie das Reisen.

Gabrielle Attinger

Tipp 1

Vals

Valser Berge, Valser Wasser

Unterkunft Hotel Alpina, ein architektonisch attraktives Dreisternehaus direkt am Dorfplatz mit einer sehr guten Küche und toller Atmosphäre.

Anreise Mit der Bahn nach Ilanz und mit dem Bus nach Vals, Post.

Ankunft Apéro auf dem Dorfplatz, nach dem Nachtessen im Alpina Rundgang durch das Dorf.

1. Tag

Wanderung zur Zervreila-Staumauer und über Frunt und Gadastatt zurück nach Vals (5½ Stunden).

Langschläfer Fahrt mit dem Bus zur Zervreila-Staumauer, Wanderung bis Gadastatt und mit der Sesselbahn zurück nach Vals (2 Stunden) oder mit dem Trottinett auf der Strasse zurück.

Schlechtwetter Ein Tag für die Therme.

2. Tag

Fahrt zur Zervreila-Staumauer, Dreiseenwanderung über Guraletschsee, Ampervreilsee und Selvasee zurück nach Vals (5 Stunden).

Langschläfer Fahrt mit dem Wanderbus ins Peiltal (Abfahrt 13.15 Uhr) und zurück.

Schlechtwetter Frühe Abreise und Shoppingtour im Alpenrhein Village in Landquart.

Steile Berghänge prägen die archaisch anmutende Landschaft von Vals.

Bilderbuchansichten: Blick auf Vals-Platz und die hügeligen Hänge hoch.

Warum sehen diese Hänge so anders aus als anderswo? So viel beeindruckender, urtümlicher? Liegt es am Licht oder daran, dass sie ungewöhnlich steil sind? Selbst Reisende, die sonst kaum ein Auge für die Schönheiten der Natur haben, kommen in Vals ins Staunen. Wie eine Malerei wirken die grünen Berghänge mit ihren Höckern und den über den ganzen Berg verstreuten Holzgaden. Sofort möchte man die Hänge hochklettern und sehen, wie es am Ende der Strasse, wo sich das U-Tal schliesst, weitergeht.

Bester Ausgangspunkt, um das Tal zu entdecken, ist das Hotel Alpina, das direkt am grossen Dorfplatz liegt. Die Fassade sticht gleich ins Auge, ist sie doch modern und zugleich der rustikalen Umgebung angepasst. Sie ist, wie auch das Innere des Hauses, ein Werk des Stararchitekten Gion A. Caminada. Er stammt aus dem benachbarten Vrin und ist bekannt dafür, dass er sich an Bestehendem orientiert. In seiner Heimatgemeinde, wo er heute noch wohnt, hat er das ganze Dorf architektonisch umsichtig erneuert. Vrin ist dafür 1998 mit dem Wakkerpreis ausgezeichnet worden. 2011 erhielt Caminada den Bündner Kulturpreis.

Das Hotel Alpina wurde von Caminada 2001 erstmals erneuert, und zwar die Fassade und der Eingangsbereich. Dazu kamen die drei kleinen Zimmer im hinteren Bereich des Hauses, die er mit farbigen Wänden, einer mit Valser Gneis verkleideten Dusche und einer Art Fensterloggia mit einem Sims so breit wie eine Sitzbank zu gestylten Logen ausbaute. Fünf Jahre später kamen weitere Zimmer dazu und danach wurde auch die Bar umgestaltet.

Bereicherndes Gesamtkunstwerk

Gion A. Caminada ist ein Hausfreund im Alpina, das spürt man im Gespräch mit der Familie Kühne, die das Haus in dritter Generation führt. Die gelungene Symbiose von Hotelkultur und Architektur macht den Aufenthalt im Alpina so angenehm wie bereichernd. Auch alle Möbel sind von Caminada – er war Schreiner, bevor er zum Architekten wurde. Und diese sind nicht nur schön, sondern auch funktional, will heissen bequem.

Preisverdächtig ist auch die Küche des Dreisternehauses. Im modernen Restaurant werden hervorragende, auf regionalen Spezialitäten basierende Gerichte aufgetischt. Das Carpaccio vom Valser Saibling mit Kräuter-Vinaigrette schmilzt auf der Zunge, die weisse Essenz von der Peperoni mit Basilikum eröffnet neue Geschmackshorizonte und das Kalbshohrücken-Steak könnte zarter nicht sein. Kein Wunder, wird das Hotel-Restaurant in den Gourmetführern regelmässig in den Top-Adressen geführt, wenn es um Genuss im Dorf geht.

Ein Bijou ist der Dorfplatz vor dem Haus. In der Mitte steht die barocke St. Peter und Paul-Pfarrkirche, rundherum wunderschöne alte Holzhäuser mit den typischen Treppen – ein Anblick wie auf einem dreidimensionalen Kalenderbild. Das älteste von ihnen, das Gandahus, stammt aus dem 16. Jahrhundert und beherbergt heute das Heimatmuseum.

Symbiose von Architektur und Gastfreundschaft: Im Alpina kommen Geniesser doppelt zum Zug.

Zweimal talwärts: Trottinette vor dem Restaurant Zervreila und Blick auf das Wasserwerk.

Wasser macht Geschichte

Wer noch nie in Vals war, kennt zumindest den Namen vom Wasser, vom gleichnamigen Mineralwasser und von der berühmten Therme. Tatsächlich hat Vals seine Entwicklung verschiedenen Aspekten des Wassers zu verdanken. Mehr noch: Dank des Wassers gehört die Gemeinde zu den wenigen in der Region, die stetig gewachsen sind.

Zuerst dank des Zervreila-Staudamms. Er entstand ab 1950, der Bau nahm über fünf Jahre in Anspruch, weil der Ort für schwere Maschinen schlecht zugänglich war. 1957 flutete man den See und liess damit das Dorf Zervreila untergehen. Heute liefert der See nicht nur Energie; seine Farbe, je nach Sonneneinstrahlung stahlblau, silbern oder türkis, verzaubert die ganze Berglandschaft.

Auf dem alten Pfad von Vals nach Zervreila kann man bis zur Mauer emporsteigen. Doch auch eine bequeme Strasse führt durch den Wald und einen langen, naturbelassenen Tunnel bis zum Gasthaus Zervreila unterhalb der Staumauer. Sogar das Postauto fährt im Sommer bis hierher.

Auf zwei Rollen bergab

Nicht nur die ernsthaften Wanderer sollten hier ein erstes Mal einkehren. Der Original Zervreila Heidelbeerkuchen mit Mürbeteig schmeckt hervorragend und auch die Apfelküchlein mit Vanillesauce sind besonders lecker. Wer gar nicht wandern mag, kann hier ein Trottinett ausleihen und auf der Strasse zurück ins Tal rollen: In Reih und Glied stehen Dutzende von diesen Zweirädern bereit. Dazu wird ein Helm abgegeben und man erhält gute Tipps: Nicht schneller als 30 Stundenkilometer soll man fahren, durch den alten Tunnel an der imposanten Schlucht vorbei und immer wieder anhalten und den Ausblick geniessen. Im Tal unten gibt man die Geräte im Depot ab. Acht Kilometer lang ist die Strecke und über 600 Meter geht es bergab. Den meisten Fahrern ist die Begeisterung schon von weitem anzusehen und anzuhören. Doch es gibt auch weniger glückliche: die Teenager, die der Vater gerne in Fahrt ablichten will, die aber immer zu schnell oder zu wenig fotogen an ihm vorbeisausen. Oder die beiden Kinder, die zu Fuss hinter ihren Eltern her laufen müssen, weil sie zu klein sind, um ein eigenes Trottinett zu fahren – Passagierfahrten sind verboten.

Seen und Weitblick

Wanderer wenden sich an der Zervreila-Staumauer in zwei Richtungen. Eine besonders beliebte Route führt zu drei Bergseen, dem Guraletschsee, dem Ampervreilsee und dem Selvasee. Der gut markierte und bis zum Selvasee stetig ansteigende Weg öffnet einem den Blick auf die wildromantische

Die Farbe des Stausees unter dem Zervreilahorn wechselt je nach Sonnenstand.

Holz und Stein: ein weniger bekanntes Werk von Peter Zumthor und die Dorfbrücke aus Valser Gneis.

Gebirgslandschaft und bietet eine schöne Aussicht auf das Tal und über das Tal hinweg zum Val Lumnezia.

Etwas weniger lang dauert die Tour auf der anderen Talseite, von Zervreila über den Weiler Frunt, der heute nur noch als Maiensäss dient, nach Gadastatt, von wo sich die Wanderung dank des Sessellifts abkürzen lässt. Wer die bequeme Art, zu Tal zu steigen, verschmäht, kann in Leis oberhalb Vals zwei Ferienbauten des anderen berühmten Architekten dieses Tals, Peter Zumthors, bewundern. Die Route lässt sich natürlich auch in anderer Richtung erwandern. Von Gadastatt geht's in zwei Stunden an Bergbächen entlang und über sanfte Steigungen bis zur Bergkapelle von Frunt, die direkt am Abgrund steht. Schwindelfreie geniessen von der Bank neben der Kapelle das Bergpanorama.

Daneben gibt es noch mindestens drei weitere gemütliche Ausflugsrouten. Erschlossen werden sie vom Valser Wanderbus. Dieser bringt die Gäste über die schmalen Bergstrassen ins abgelegene Peiltal zur Riefa hinauf oder auf die Leisalp – und holt sie von dort auch wieder ab. Eine geniale Einrichtung, die überall Nachahmer finden sollte.

Die zweite Errungenschaft von Vals rund ums Wasser ist die Mineralquelle, die schon zur Bronzezeit genutzt worden sein soll. Die Quelle wurde 1960 von einem Deutschen erworben und an die Bierbrauer-Familie Hess weiterverkauft. Die Mineralquelle wurde neu angebohrt und das Valser Wasser lanciert. Heute ist die Familie Hess für ihre Weinkellereien rund um die Welt bekannt und Vals vor allem für seine Therme. Sie wurde 1996 von Peter Zumthor ganz aus Valser Quarzit gebaut und machte den Ort quasi über Nacht weltberühmt: Vals wurde auf die touristische Landkarte katapultiert. Kaum ein Ort hat von einem einzigen Bau so profitiert wie Vals. Zu Recht: Die Therme selber erstaunt auch fast 20 Jahre nach ihrer Eröffnung alle, die in den monumentalen Steinquader eintreten. Nur das Verhältnis zwischen der Gemeinde und dem Stararchitekten Zumthor ist inzwischen frostig. 2012 verkaufte Vals nämlich die gesamte Anlage an einen jungen Investor, der das renovierungsbedürftige Thermenhotel durch einen Neubau ersetzen soll. Diese Aufgabe hätte Zumthor lieber selber übernommen und war auch bereit, dafür den ganzen Komplex zu kaufen. Doch die Mehrheit der Gemeinde stimmte gegen ihn.

Ein Stein für viele Zwecke

Die Therme ist jedoch so attraktiv wie eh und je. Nicht nur die verschiedenen Becken in den einzelnen Quadern sollte man geniessen, auch die Aussicht durch die schiessschartenähnlichen Fenster der Behandlungsräume auf das Tal.

Im Therme-Laden an der Hauptstrasse unten gibt es den Quarzit in Form von Vasen und anderem zu kaufen. Vieles stammt vom Natursteinwerk Truffer im Dorf. Das Unternehmen hat schon den Bundesplatz in Bern gestaltet und wird auch die Platten für den neuen Sechseläutenplatz in Zürich herstellen. Und es fertigt Eiswürfel aus Stein an. Cubistone nennen sie sich neudeutsch und wurden ursprünglich von Schülern der Mittelschule Schiers in einem Wirtschaftsbildungsprogramm entwickelt. Jetzt sind die kleinen Kuben mit Loch, die auf einen Holzstab gespiesst und ins Glas gestellt werden, auf

Bad und Boutique: Der Valser Gneis dient sowohl berühmter Architektur als auch dem Kunsthandwerk.

Steindächer überall:
Die Valser Architektur wird gepflegt.

einem Rundgang durch das Dorf entweder bei Truffer selber oder im Therme-Laden als handliches Souvenir zu erstehen. Der Stein ist allerdings nicht der berühmte Valser Gneis, sondern Speckstein aus der Surselva.

Auch wer keine Cubistones oder andere Steinobjekte kaufen möchte, sollte sich den Spaziergang nicht entgehen lassen. Die alten Holzfassaden und vor allem die wunderbaren Schieferdächer lassen einen immer wieder anhalten und fotografieren. Kaum ein Bergdorf hat eine so homogene Dächerstruktur wie Vals, denn es ist gesetzlich vorgeschrieben, die Dächer mit Steinplatten zu decken. Und immer wieder geht der Blick den Berg hoch auf die steilen grünen Hänge – warum sehen sie nur so anders aus als alle anderen?

Lohnenswertes Etappenziel: Der Guraletschsee ist einer von drei Seen am Wanderweg.

Was wo wie viel

Unterkunft **Hotel Alpina,** Dorfplatz, 7132 Vals, T +41 81 920 70 40, info@hotel-alpina-vals.ch, www.hotel-alpina-vals.ch, 20 Zimmer in Haupt- und Nebenhaus in drei Kategorien, ab CHF 95 pro Person inkl. Frühstück (Wochenende), neu gestaltete Zimmer CHF 120. Hervorragendes Restaurant, Arvenstube mit Terrasse auf dem Dorfplatz, Bar.

Anreise Mit der Bahn nach Ilanz und mit dem Bus nach Vals, Post, eine Minute bis zum Hotel. Parkplatz hinter dem Haus.

Wandern Wanderführer liegen im Hotel auf, ebenso die Broschüren des Verkehrsbüros Visit Vals. Auch auf der Website www.vals.ch finden sich Beschreibungen der Wanderrouten, der Fahrplan des Wanderbusses und weitere interessante Infos. Anmeldung **Wanderbus:** T +41 81 935 16 49 (Piz-Aul Garage, jederzeit), Tarif Vals, Post–Peiltal CHF 9, Kinder CHF 5.

Trottinett Miete beim Restaurant Zervreila, 7132 Vals, T +41 81 935 11 66, info@zervreila.ch, www.zervreila.ch, Miete CHF 15.

Wellness **Therme,** 7132 Vals, T +41 81 926 80 80, therme@therme-vals.ch, www.therme-vals.ch. Täglich 11–20 Uhr geöffnet. Eintritt CHF 40 für Erwachsene, CHF 26 für Kinder. Reservierung am besten online im Voraus, der Zutritt ist limitiert.

Shopping **Cubistone und andere Steinobjekte,** Truffer AG, Natursteinwerk, Liemschboda 168b, 7132 Vals, T +41 81 895 16 42, quarry@truffer.ch, www.truffer.ch, geöffnet Mo–Fr 9.30–12 und 14–17 Uhr.

Alpenrhein Village Designer Outlet Landquart, Tardisstrasse 20a, 7302 Landquart, T +41 81 300 02 90, info@designeroutletlandquart.ch, www.designeroutletlandquart.ch, geöffnet täglich 10–19 Uhr.

Tipp 2

Lenzerheide

Sport und Spass im Multipack

Unterkunft Hotel Schweizerhof, ein grosses und sehr komfortables Viersternehaus mit riesigem kulinarischem Angebot, einem aussergewöhnlichen Spa mit Hammam sowie Animation und Betreuung für Kinder. Eines der ganz wenigen Häuser, wo Familien mit Kindern gepflegt werden, ohne Paare, Einzelreisende und die Spa-Klientel zu benachteiligen und umgekehrt.

Anreise Mit der Bahn bis Chur und mit dem Postauto bis Lenzerheide, Post. Das Hotel liegt direkt gegenüber.

Ankunft Apéro in der Bar, Nachtessen in der Arvenstube oder im Wintergarten.

1. Tag

Bike-Miete, Rundtour je nach Können, Ausdauer und Lust, Mittagssnack auf dem Berg oder am See, nachmittags Wassersport mit Mietgerät oder Golf oder Tennis, Abendessen im Stübli.

Langschläfer Nur Biken oder nur Wassersport.

Schlechtwetter Im BergSpa das Hammam geniessen und sich eine Bergkräuter-Behandlung gönnen, im Hallenbad schwimmen, in der Sauna schwitzen oder in der Fitnesshalle trainieren.

2. Tag

Surfschnupperkurs am See, Downhill-Tour mit dem Bike je nach Ausdauer und Können, Snack am See, Baden im See oder im Hotel.

Langschläfer Surfschnupperkurs weglassen.

Schlechtwetter Nochmals ausgiebig den Spa geniessen, früher abreisen und in Chur das Rätische Museum besuchen.

Treffpunkt und Wunschziel: Der Heidsee bildet das Herz der Ferienregion Lenzerheide.

Ein See für jede Wetterlage: Im Wassersportcenter herrscht bei Sonnenschein Hochbetrieb.

Silbergrün schimmert der See frühmorgens, wenn rundherum noch alles ruhig ist. Da und dort steigen kleine Nebelschwaden hoch, wo der kalte Morgenwind über das etwas wärmere Wasser streicht. Der Heidsee ist an vielen Stellen nur einen Meter tief, das Wasser wärmt sich an der Sonne schnell auf und erreicht im Sommer 22 Grad. Hier lässt man schon einmal die Füsse ins Wasser baumeln, wenn es anderswo noch eisig kalt ist. Und hier schlüpfen jeweils die ersten Kinder in ihre Badeanzüge, um im geschützten Wasserpark mit Brücken, Höhlen und einer Ponton-Fähre mit Zugseil herumzutollen. Und an der Landzunge vorne wagen sich schon im Frühling, wenn der Schnee noch auf den Bergen liegt, Surfer und Segler ins Wasser.

Der Heidsee ist Dreh- und Angelpunkt des Sommerlebens auf der Lenzerheide und er liegt im Zentrum einer riesigen natürlichen Freizeitarena mit einem grossartigen Angebot. Ob zu Fuss oder auf Rädern, mit Angelrute oder Surfbrett, Golf- oder Tennisschläger – hier kommen alle auf ihre Kosten.

Kinder-, Eltern- und auch Single-Paradies

Komfortabel logiert man dabei im Schweizerhof. Dieses Viersternehaus im Dorfzentrum ist weit mehr als ein Hotel: Es ist zugleich ein aussergewöhnlicher Spa und eine kulinarische Traumdestination mit fünf Restaurants sowie einer Bar, in der man zur hauseigenen Lounge-Musik wunderbar den Tag ausklingen lassen kann. Und es ist ein Kinderparadies – der Schweizerhof gehört zu den Kidshotels. Und doch braucht sich niemand vor Kindergeschrei zu fürchten. Das Haus versteht es wie kein anderes, Familien mit Kindern von anderen Gästen zu trennen, im Restaurant- ebenso wie im Freizeitbereich, dem Schwimmbad und der Sauna. Und so werden alle glücklich: Familien mit Nachwuchs, die von einem umfangreichen Animationsprogramm für die Kleinen profitieren, Paare, die sich ein paar ruhige Tage in schöner Umgebung gönnen, und Alleinreisende auf sportlicher Schnuppertour.

So vielfältig wie die Kundschaft ist auch das Zimmerangebot. Es gibt grosse Zimmer mit Galerie, wo die Kinder Platz finden, Wohnungen, Nostalgie-Zimmer im über hundertjährigen Haupthaus mit einem Mix aus traditionellem und modernem Mobiliar und Alpenchic-Zimmer mit hellem Riemenparkett, Farbtupfern in Form von Designsesseln sowie einer lichtdurchfluteten Lärchenwand, die den Wohnbereich vom Bad trennt, aber auch Budget-Zimmer mit demselben Komfort, aber weniger Design.

Biker-Mekka für Könner und Anfänger

Der Spa lockt mit einem grossen Hammam und einem Saunabereich mit Tageslicht und offenen Innenhöfen, wo man so richtig durchatmen kann. Doch zunächst gilt es, eine der vielen sportlichen Aktivitäten zu testen. Besonders stark ist das Angebot für Biker. Die Lenzerheide, die auch im Winter als sportliche Destination gilt, hat in den letzten Jahren viel in Trails und Tracks investiert. Heute stehen 170 Kilometern Wanderwegen über 300 Kilometer Bike-Routen gegenüber. Sie bestehen wie die Skipisten aus blauen (einfachen), roten (mittelschweren) und schwarzen Trails (für Könner).

Und dann gibt es da noch die Freerider, die wie ihre Kollegen auf Snowboards und Skiern abseits der Pisten über Stock und Stein springen. Im Skill Center an der Talstation des Rothorns üben sie ihre Dirt Jumps und Big Airs

Alpine Chic und Ruheoase: Das Hotel Schweizerhof ist ein idealer Ausgangspunkt.

Eine von vielen Panoramatouren:
Die Region weist 300 Kilometer Bike-Routen auf.

auf der Slope. Auch Anfänger sind willkommen. In der Family Area stehen Wippen, Wurzeln und Steine, auf denen das Gleichgewicht und die Koordination geübt werden können. Im Pumptrack lernt man die Verlagerung des Gewichts in Kurven. Man kann aber auch einfach auf einer Bank sitzen und zusehen, wie die mutigen Biker über die Schanze springen und mehr oder weniger sanft im Big Air Bag, einem 15 Meter langen Luftkissen, landen.

Eine gute Einführung ins Biken bietet die Bella Vista-Tour, eine 16 Kilometer lange, landschaftlich sehr attraktive Rundstrecke mit lediglich 500 Metern Auf- und Abstieg, die sich in weniger als zwei Stunden bewältigen lässt. Sie führt vom Zentrum Lenzerheide zum Campingplatz und zum Weiler Sporz hinauf. Dort lässt sich das Hotel Guarda Val bewundern, ein Maiensäss-Hotel, das aus elf bis zu 300-jährigen Ställen und Hütten besteht. Weiter geht es über Spoina, einer Bergbeiz, nach Valbella hinunter und auf der anderen Talseite nach Scharmoin, der Mittelstation der Rothornbahn, hinauf. Eine rasante Schussfahrt führt durch den Wald zurück nach Lenzerheide. Die Tour ist eine von über 70 so genannten GPS-Touren, die mit interaktiver Karte aufs Mobiltelefon geladen werden können.

Wer sich etwas mehr zutraut, macht die ebenso schöne Alpen-Tour in umgekehrter Richtung. Von Lenzerheide geht es über die Alp God hinauf bis zur Alphütte Fops, wo man sich mit Käse und Speck stärken kann. Danach führt

Berggipfel für Mutige: Vom Rothorn stürzen sich Extrem-Biker auf der Bike Attack-Strecke zu Tal.

ein Singletrail zur Alp Nova und ein bequemerer Trail weiter zur Alp Lavoz und dann hinunter nach Sartons, wo auf der Sonnenterrasse des Berghauses eine Rast angesagt ist. Die letzte Wegstrecke führt über die Jugendherberge und den Waldweg zum Westufer des Heidsees, das Naturschutzgebiet ist und von einem Lehrpfad gesäumt wird. Hier wächst der seltene Sumpfenzian. Ziel ist die Badeanlage, der Lohn wohl mindestens eine Glace.

Die grösste Herausforderung ist die Bike Attack-Strecke, die Wettkampfstrecke vom Rothorn hinunter zum See: Neun Kilometer auf 1400 Meter Höhendifferenz misst sie und führt über Geröllhalden und Steilwandkurven – eine Adrenalin-Bombe für die ganz Hartgesottenen. Sie trägt viel zum Ruf von Lenzerheide als Downhill-Mekka bei.

Fünffach sportlich auf dem Wasser

Wer weniger Übung hat und Beine, Gesäss und vor allem auch die Hände schonen möchte, fährt auf einer der leichteren Downhill-Strecken und nimmt sich mehr Zeit für einen Aufenthalt am oder auf dem See. Pedalos stehen bereit und Wasserbikes, Ruderboote, Kajaks und Surfbretter – auch zum Stand-up-Paddeln. Und wer noch nie auf einem Brett gestanden ist, sollte dies hier ändern: In Juli und August findet jeden Sonntagmorgen ein Schnupperkurs im Windsurfen statt.

Stunden vor den Surfern sind die Fischer unterwegs. Von Anfang Juni bis Mitte Oktober darf im Heidsee gefischt werden. Saiblinge, Bach- und Regenbogenforellen, Elritzen und Karpfen leben hier. Saiblinge und Forellen werden jede Saison wieder ausgesetzt.

Golfer mögen vielleicht den Golfplatz Lenzerheide testen. Der zwischen Fichtenwäldern gelegene 18-Loch-Platz liegt wenig unterhalb des Dorfs und bietet neben einem Clubhaus auch unterwegs eine Erfrischungsmöglichkeit – ein Bergbach fliesst direkt am Green vorbei.

Andere Ballkünstler spielen auf Sand: Am See gibt's ein Beachvolleyballfeld und im Dorf locken mehrere öffentliche Tennisplätze im Freien. Das Tennishüsli, das Restaurant des Tennisclubs, ist dank der Terrasse auch bei Nicht-Spielern beliebt. An seinen Tennisplätzen vorbei zieht im Sommer eine nie abbrechende Kolonne auf der Voa davos Lai zum See: Mütter und Väter mit Kinderwagen, Jogger mit Schrittzähler und Ohrstöpseln, Nordic Walker, welche energisch ihre langen Stöcke schwingen, und Kinder mit aufblasbaren Krokodilen auf dem Weg zur Badi.

Bergkräuter auf der Haut

Wer Ruhe sucht, hat wohltuende Ausweichmöglichkeiten: Das Solesprudelbad im Schweizerhof, das sich ebenfalls im Freien befindet, ist zu dieser Zeit menschenleer, ebenso wie der sonnige Innenhof mit seinen breiten Hängeliegen. Hier lässt es sich herrlich schaukeln und geniessen. Im Spa könnte man sich eine Massage mit Bündner Bergkräuteröl gönnen oder ein Bad in Bündner Edelweiss-Extrakten nehmen. Für die Behandlungen werden ausschliesslich Produkte der Edelmarke Feuerstein verwendet, deren Kräuter und Extrakte aus biologischem Anbau in den Schweizer Bergen stammen.

Vor dem Abendessen sollte man nochmals einen Spaziergang zum See machen. Wenn die Sonne hinter den Berggipfeln verschwunden ist und sich die Landschaft bläulich färbt, ist die Atmosphäre besonders schön. An der gegenüberliegenden Seite in Valbella ist von weitem das Anwesen des bekanntesten Ferienhausbesitzers der Region zu sehen: Am dem See zugewandten Hang von Sartons hat sich Roger Federer eine Residenz gebaut. Zwei sehr schöne Grosschalets stehen da und dazwischen ein Flachdachgebäude, in dem sich angeblich ein Hallenbad und mehr befinden. Das umzäunte Anwesen ist gigantisch, es nimmt einen grossen Teil des Hanges ein. Der beste Tennisspieler der Welt zieht also den Blick auf den Heidsee einer Villa in Gstaad oder St. Moritz vor. Das macht den sympathischen Mann extrem sympathisch.

Stillleben mit Kühen: Es gibt auch Ecken zum stillen und gemächlichen Geniessen.

Was wo wie viel

Unterkunft **Hotel Schweizerhof,** Voa Principala 39, 7078 Lenzerheide, T +41 81 385 25 25, info@schweizerhof-lenzerheide.ch, www.schweizerhof-lenzerheide.ch, Doppelzimmer ab CHF 320 inkl. Frühstück.

Anreise Mit der Bahn bis Chur und mit dem Postauto bis Lenzerheide, Post. Das Hotel liegt direkt gegenüber.

Infos/Tickets **Tourismus Informationsbüro Lenzerheide,** Voa Principala 37, 7078 Lenzerheide, T +41 81 385 57 00, info@lenzerheide.com, www.lenzerheide.com, direkt neben dem Hotel, Infos und Broschüren erhältlich, ebenso wie Tickets für die Bergbahnen. Für Downhill-Biker lohnt sich das Biketicket 2 Ride für CHF 54 (mit Halbtax CHF 27), das zu Einfachfahrten auf allen Bergbahnen berechtigt.

Bergbahnen Die Bergbahnen sind auf der Westseite des Tals von 9–16.45 Uhr und auf der Ostseite von 8.30–16.40 Uhr in Betrieb.

Bike-Miete **PEAK 1475 M.ü.M.,** Arkade Hotel Schweizerhof, 7078 Lenzerheide, T +41 81 385 10 16, info@1475.ch, www.1475.ch, offen Mo–Fr 8.30–12.30 und 14–18.30 Uhr, Sa 8.30–13 und 14–18 Uhr. Downhill-Bikeset inkl. Protektoren CHF 108 pro Tag.

Wassersport **Wassersportcenter Heidsee,** 7078 Lenzerheide, T +41 81 384 14 84, Walter Eggenberger, T +41 79 681 21 29, heidsee@vazobervaz.ch, www.lenzerheide.com, offen Ende Mai bis Mitte Oktober täglich 10–18 Uhr. Schnupperkurs Windsurfen Juli und August jeden So 10.30–12 Uhr, CHF 10 pro Person. Miete von Tretbooten, Ruderbooten, Hydrobikes, Kajaks, Alligator, Stand-up-Paddelboards ½ Stunde je CHF 11, 1 Stunde je CHF 18, Hydrobikes Tandem/2er-Kajaks 1 Stunde CHF 20, Segelboote (Laser/Smart-Cat/Happy-Cat u. a.) 1 Stunde ab CHF 35, Surfbrett mit Rigg 1 Stunde CHF 25.

Museum **Rätisches Museum,** Hofstrasse 1, 7000 Chur, T +41 81 257 48 40, info@raetisches-museum.gr.ch, www.raetischesmuseum.gr.ch, offen Di–So 10–17 Uhr, Eintritt CHF 6, Kinder bis 16 Jahre gratis.

Tipp 3

Guarda

Ein Bilderbuchleben

Unterkunft Hotel Romantica Val Tuoi, ein kleines Dreisternehaus im Schellenursli-Stil mit sehr guter Küche.

Anreise Per Bahn oder Auto bis nach Guarda. Der Bus vom Bahnhof ins Dorf fährt stündlich.

Ankunft Apéro im Gartenbistro und nach dem Abendessen Spaziergang durch das Dorf.

1. Tag

Wanderung über Bos-cha und Ardez nach Ftan (3 Stunden), mit dem Bus nach Scuol und Dorfbummel. Mittagsimbiss im MundArt am Stradun (oder bereits im Paradies in Ftan).

Langschläfer Mit Bus und Bahn nach Scuol und Dorfbummel. Zurück auf demselben Weg.

Schlechtwetter Besuch des Bogn Engiadina in Scuol. Besuch der Alten Bäder Nairs.

2. Tag

Wanderung ins Val Tuoi bis zur Chamonna Tuoi auf 2250 Metern über Meer (4 Stunden).

Langschläfer Besuch des Schlosses Tarasp.

Schlechtwetter Dampfen und sprudeln im Hotel, danach Besuch des Schlosses Tarasp.

Auf der Sonnenterrasse: das Schellenursli-Dorf Guarda.

**Häuser wie im Bilderbuch –
und eine bilderbuchhafte Landschaft.**

Es sieht immer noch aus wie im Bilderbuch, das kleine Dorf auf der Sonnenterrasse des Unterengadins: Guarda, die Heimat von «Schellenursli». In der Chasa 47 wohnte die Autorin des Kinderbuchs, das millionenfach verkauft und in acht Sprachen sowie Blindenschrift übersetzt wurde. Und hier wohnte auch der Künstler Alois Carigiet, der das Buch illustrierte, für Kost und Logis bei der Autorin. Zum Vorbild für das Schellenursli-Haus nahm er die Chasa 51. Schräg gegenüber jenem Haus liegt das Hotel Romantica Val Tuoi, ebenfalls ein typisches Guarda-Haus mit rundem Torbogen und Sgraffiti. Es bietet die perfekte Basis für ein genüssliches Weekend im Unterengadin.

Das Romantica Val Tuoi ist ein Dreisternehaus, das Interieur ist nicht auf den Alpine Chic hochgestylt, der zurzeit in vielen Etablissements in den Alpen anzutreffen ist. Genau das macht das Haus so sympathisch. Die Zimmer und Stuben sind traditionell ausgestattet, mit viel Arvenholz, weisser oder karierter Bettwäsche und Lampenschirmen aus Stoff. Doch es ist nichts übertrieben, in den grösseren Zimmern steht auch mal ein Ledersessel und die Dachsuite mit eigener Terrasse ist ganz modern möbliert. Dasselbe gilt für die Gaststuben. Neben Stabellen gibt's auch Korbsessel. Wer es gerne etwas nüchterner hat, ist mit den minimalistisch eingerichteten Zimmern in der Dépendance auf der andern Strassenseite gut bedient.

Exklusive Postkartenidylle

Man isst hervorragend im Val Tuoi und im Sommer geniesst man bis in die späten Abendstunden im Terrassenbistro Romantica den Frieden des Dorfs und die Aussicht ins Tal. Das ist der grosse Vorteil eines Aufenthalts in Guar-

**Landschaftliche Höhepunkte:
der Tasnan und das weithin sichtbare Schloss Tarasp.**

da gegenüber einem blossen Besuch: Wenn abends die letzten Touristen die Gassen rund um den berühmten Brunnen wieder verlassen haben, gehört die ganze Bilderbuchkulisse einem allein. Und man kann das preisgekrönte Ortsbild so oft fotografieren wie man will, ohne stets warten zu müssen, bis ein störender Wanderer oder Velofahrer aus dem Fokus verschwindet.

Von denen hat's nämlich viele: Das quasi autofreie Dorf, in das nur Hotelgäste und Anwohner mit dem Privatfahrzeug fahren dürfen, ist ein sehr beliebtes Ausflugsziel und eine Zwischenetappe für Biker jeder Couleur. Da sind die ehrgeizigen Gümmeler mit strammen Waden und perfekter Sportkleidung, die vom Tal den Berg hoch gestrampelt sind und eine Pause verdient haben. Aber auch die Ausflügler auf Elektrobikes kommen hier vorbei. Wer es ihnen gleichtun möchte, findet im nahen Hotel Meisser Mountainbikes und in Scuol E-Bikes zum Mieten. Doch gemütlicher ist es, auf der Sonnenterrasse zu spazieren. Von Guarda aus nach Bos-cha und Ardez und weiter nach Ftan zum Beispiel. Da geht es zunächst über weite Felder und Wiesen, dann aber auch durch den Wald des Val Tasna, das unter Naturschutz steht. Der Tasnan stürzt hier als rauschender Wildbach zu Tal. Ein prächtiger Anblick – zum Glück wird das Wasser erst weiter unten für ein neues Kleinkraftwerk in eine Druckleitung geführt.

In Ardez bietet die Schlossruine Steinsberg Gelegenheit für einen Zwischenhalt. Die Burg ist älter als die Schweiz, sie stammt aus dem Jahr 1209. Schon 1499 wurde sie von den Österreichern niedergebrannt und seither nicht mehr aufgebaut.

Stilvoll – nicht gestylt: Das Hotel Romantica Val Tuoi ist ein authentisches Haus von Guarda.

Rund drei Stunden sind es bis nach Ftan. Dort könnte man beim Hotel Paradies einen Zwischenhalt einlegen und sich auf der Terrasse eine kleine Köstlichkeit gönnen. Oder man lässt sich mit dem halbstündlich verkehrenden Bus nach Scuol chauffieren und kehrt dort in der Café-Bar MundArt ein. In der unprätentiösen Bar werden feine hausgemachte Kuchen und Wähen und edle Tropfen serviert.

Bad und Bijou vom Metzger

Beim Bummel über den Stradun, die Hauptstrasse, ist ein Besuch bei Hatecke ein Muss. Dieses Geschäft ist so etwas wie die Nespresso-Boutique der Metzgereien. Hier werden alltägliche Lebensmittel, Würste und Fleisch wie in einer Bijouterie präsentiert. Allein schon die originelle Verpackung macht aus einem währschaften Salsiz ein Juwel. Die Fleischwaren stammen alle aus der Region – ein Grund mehr, ein schönes Souvenir zu erstehen.

Das Bogn Engiadina könnte besucht werden. Das Angebot ist allerdings so gross, dass eine oder zwei Stunden nicht ausreichen, um alles auszuprobieren. Wer nicht nur die Bäder- und Saunalandschaft geniessen will, sondern auch das Römisch-Irische Bad, sollte einen halben Tag dafür reservieren. Ein wenig dampfen und schwitzen ist allerdings auch im Hotel Romantica Val Tuoi möglich. Eine kleine Wellnessanlage mit finnischer Sauna, Dampfbad und Sprudelwanne sowie einer Ruhezone mit Tageslicht eignet sich sehr für eine geruhsame Zeit zu zweit. Um die Intimität der Anlage zu erhalten, hat Gastgeber Hans-Ueli Regius ein einfaches System eingeführt: Gäste des Hauses können sich selber auf einer Zeittabelle eintragen, die vor der Anlage angebracht ist. Verboten ist es nicht, auch bei besetzter Sauna einzutreten. Doch die Gäste respektieren die Reservierungen, wie Herr Regius versichert. Und so kommt man im Dreisternehaus unverhofft zu einem exklusiven Private Spa.

Intensive Dorfpflege

Selbst Massagen lassen sich in Guarda geniessen: In der nahen Praxis Terranouva bietet Maya Zeller wohltuende Behandlungen aller Art an. Sie stammt, wie auch der Gastgeber des Hotels, aus dem Unterland, und auch andere Unterländer haben hier, wie es scheint, ihr Paradies gefunden: Eine von ihnen baut hier Kräuter an, die sie unter dem Label Guarda Kräuter erfolgreich vermarktet. Auswärtige Künstler und Künstlerinnen haben ihre Ateliers nach Guarda verlegt, leben und arbeiten nun hier und bieten Bilder, Skulpturen und Kunsthandwerk an. Unterstützt werden sie teilweise von der Stiftung Pro Guarda. Diese Vereinigung hat es sich zum Ziel gesetzt, das Leben im Dorf zu erhalten, und kauft auch Häuser, um Zuzügern eine bezahlbare Unterkunft zu verschaffen. Die bis zu 400 Jahre alte Bausubstanz von Guarda ist nämlich schön anzusehen, aber sehr kostenintensiv. Viele Häuser stehen deshalb leer, weil sich kein Käufer für sie findet. Andere werden kaum mehr benutzt, so wie etwa das stolze Anwesen von Johann Schneider-Am-

Auch bei schönem Wetter einen Aufenthalt wert: das Thermalwasser von Scuol.

mann im oberen Dorfteil. Seit der Besitzer Bundesrat sei, komme er kaum noch her, erzählen Einheimische.

Das Unterengadin hat Erfahrung mit kostenintensiven Bauten, die zu einem Spottpreis veräussert werden müssen. Das Schloss Tarasp etwa wurde vom Odol-Produzenten Karl August Lingner quasi für ein Trinkgeld gekauft. Dank einer Stiftung ist es heute öffentlich zugänglich und unbedingt einen Besuch wert. Im Sommer findet täglich zwei- bis viermal eine Führung durch die historischen Säle hinter dem tausendjährigen Gemäuer statt.

Von Guarda aus lohnt sich eine Wanderung bergauf. Familien mit Kindern absolvieren den Schellenursli-Weg mit vielen Spielstationen. Oberhalb von Ftan gibt es auch den Flurina-Weg. Für Gäste des Hotels Romantica Val Tuoi bietet sich das gleichnamige Tal an. Entlang dem Bergbach La Clozza geht's zweieinhalb Stunden bergauf bis zur bewirteten SAC-Hütte Chamonna Tuoi. Wer grossräumiger denkt, wählt vielleicht das Val Sinestra mit seinen gewagten Hängebrücken. Am Ende dieses Wegs steht ein Gasthaus, das zu Recht als eines der besten weit und breit gilt: das Berggasthaus Zuort.

Das Kulturzentrum Nairs in Bad Tarasp lohnt einen Besuch. Hier hat man Grosses vor. Der Verein «Pro Büvetta Tarasp» möchte die vom Zerfall bedrohte alte Trinkhalle, die auf rutschigem Grund steht, retten und den gesamten Gebäudekomplex zu einem internationalen Zentrum zum Thema Wasser machen. Noch fehlen dazu aber ein paar Dutzend Millionen Franken.

Geniesser lassen vielleicht all diese Möglichkeiten an sich vorbeiziehen und machen es sich einfach an einem sonnigen Plätzchen in Guarda bequem. Im Bistro des Romantica Val Tuoi oder an einem der Brunnen im Dorf, um die an Chalandamarz am 1. März die «Schellenurslis» mit ihren Glocken ziehen. Spätestens dann nimmt man sich vor, auf den nächsten Chalandamarz wiederzukommen. Denn das Dorf mag zwar an Einwohnerschwund leiden, doch die Dorfbewohner versichern, dass es alleweil genügend Jungen habe, die den Brauch am Leben erhalten, mit grossem Lärm den Frühling einzuläuten.

Weitblick: Der Kontrast zwischen Wäldern und Fels ist im Unterengadin besonders eindrücklich.

Auch wenn auf den Bergspitzen schon Schnee liegt, ist es in Guarda noch schön warm.

Was wo wie viel

Unterkunft **Hotel Romantica Val Tuoi,** 7545 Guarda, T +41 81 862 24 70, contact@romanticavaltuoi.ch, www.romanticavaltuoi.ch, 17 Zimmer, eine Dachsuite mit Terrasse und ein Dachappartement, ab CHF 78 pro Person inkl. Frühstück, Halbpension CHF 36.

Anreise Mit der Bahn bis Guarda, Station, von dort mit dem Postauto bis Guarda, Dorf (fährt stündlich um x.49). Das Hotel steht an der Hauptstrasse.

Wandern Wanderkarten liegen im Hotel auf. Vorschläge sind im Magazin Bellas Vacanzas von **Engadin Scuol Tourismus** enthalten: Tourismus Engadin Scuol Samnaun Val Müstair AG, Stradun, 7550 Scuol, T +41 81 861 22 22, info@engadin.com, www.engadin.com.

Bike-Miete Mountainbikes sind im **Hotel Meisser** erhältlich: Dorfstrasse 42, 7545 Guarda, T +41 81 862 21 32, www.hotel-meisser.ch, Preis auf Anfrage. E-Bikes gibt's im **Bike-Shop Scuol,** Talstation Bergbahnen Scuol (vis-à-vis Bahnhof), 7550 Scuol, T +41 81 861 14 19, adventure@bergbahnen-scuol.ch, www.engadin-adventure.ch, Preis ab CHF 30.

Essen/Trinken **Hotel Paradies,** 7551 Ftan, T +41 81 861 08 08, www.paradieshotel.ch.

MundArt, Café – Bar – Weinbar, Stradun 401, 7550 Scuol, T +41 81 860 02 22, www.mundart-scuol.ch, offen Di–Fr 11–24, Sa 9–24, So 10–18.30 Uhr.

Shopping **Hatecke,** Center Augustin, 7550 Scuol, T +41 81 864 11 76, www.hatecke.ch.

Wellness **Bogn Engiadina,** 7550 Scuol, T +41 81 861 20 00, bad@scuol.ch, www.engadinbadscuol.ch, offen täglich 8–22 Uhr, Eintritt ab CHF 26.50, Jugendliche 11–15 Jahre CHF 16, Kinder 6–10 Jahre CHF 10.

Sehenswertes **Schloss Tarasp,** 7553 Tarasp, T +41 81 864 93 68, info@schloss-tarasp, www.schloss-tarasp.ch, Führungen bis Mitte Oktober täglich um 14.30 und 15.30 Uhr, während den Sommerferien zusätzlich um 11 und 16 Uhr, Anmeldung nicht erforderlich, Eintritt CHF 12, Kinder bis 15 Jahre CHF 6.

Zentrum für Gegenwartskunst Nairs, 7550 Scuol, T +41 81 864 98 02, info@nairs.ch, www.nairs.ch, Kunsthalle offen Do–So 15–18 Uhr, Ausstellungen vor dem Haus durchgehend zugänglich.

Tipp 4

Oberengadin

Winterzauber hoch drei

Unterkunft Nira Alpina, ein luxuriöses Viersternehaus direkt an der Talstation des Corvatsch, mit riesigen Balkonen, einem einzigartigen kulinarischen Angebot und einem gemütlichen Spa mit Ausblick auf das Tal und den Julierpass.

Anreise Mit der Bahn bis St. Moritz, Gratis-Abholdienst durch das Hotel (Fahrt 10 Minuten).

Ankunft Snack im Bistro, Fahrt zur Corviglia-Mittelstation und Nachtskifahren auf der längsten beleuchteten Skipiste der Schweiz, spätes Nachtessen im Restaurant Stars im Hotel.

1. Tag

Schneesporttag am Corvatsch, Mittagessen auf dem Berg oder im Bistro des Hotels. Bummel durch St. Moritz, abends Besuch in einem der Gourmettempel oder nochmals im Stars essen.

Langschläfer Halbtageskarte am Corvatsch lösen oder gleich nach St. Moritz zum Bummeln, Abend wie oben.

Schlechtwetter In der hoteleigenen Bibliothek eines der vielen Bücher ausleihen und in einem Ledersessel die Zeit verstreichen lassen, im Spa eine Wohlfühlbehandlung geniessen.

2. Tag

Morgens Spaziergang über den See, Mittagssnack in der Bakery. Fahrt auf den Muottas Muragl, eventuell Abfahrt mit Schlitten oder Gästefahrt auf der Bobbahn.

Langschläfer Einen Programmpunkt nach Wahl weglassen.

Schlechtwetter Nochmals den Spa und die Bibliothek geniessen.

Traumhafte Winterlandschaft: die Oberengadiner Seen vom Corvatsch aus.

Der Ausblick ist märchenhaft: Kleine Lichter, Sternen gleich, schweben im steten Fluss in Schlangenlinien vom schwarzen Himmel herunter auf die Hochebene des Oberengadins. Es ist nicht zu erkennen, woher sie kommen, und auch nicht, wohin es sie auf dem Erdboden zieht: Von der finnischen Sauna des Hotels Nira Alpina sieht man durch das Glasfenster und über das Sprudelbad hinweg durch das grosse Panoramafenster der Dampfanlage auf den Julierpass. Während man sich hier bereits in der Hitze entspannt, fahren dort im Dunkel der Winternacht die letzten Wochenendgäste an. Ein wunderbares Gefühl ist es, hier und nicht erst dort zu sein.

Das Nira Alpina ist im Dezember 2011 eröffnet worden und nennt sich das erste Ski-in-Hotel. Das heisst: Vom Hotel geht's direkt auf die Skianlagen, von der Piste direkt wieder ins Hotel. Tatsächlich gibt es im Oberengadin wohl ein paar Hotels, von denen man einfach zu den Sportanlagen und wieder zurück gelangt. Doch so bequem wie hier ist der Zugang nirgends: Vom Hotel führt eine Galerie direkt in die Halle der Talstation des Corvatsch – und die Skipiste führt wenige Meter am Haus vorbei ins Tal. Das ist vor allem am Freitag praktisch, wenn am Corvatsch die «Snow Night» zelebriert wird und die über vier Kilometer lange beleuchtete Piste sowie die angrenzenden Gastrobetriebe bis um 2 Uhr nachts Ski-, Brett- und Partyvolk anlocken.

Terrassen und Tapas

Dies ist allerdings längst nicht der beste Grund für einen Wochenendaufenthalt in diesem Viersternehotel: Das Haus ist einfach anders als andere in diesem Bereich. Überraschend grosse Zimmer mit riesigen Terrassen hat es.

**Mit diesem Bild wird oft geworben:
die beleuchtete Nachtpiste des Corvatsch.**

Komfortable Wohnlichkeit:
Das Nira Alpina bietet viel Platz zum Geniessen.

Überraschend familiär ist die Atmosphäre. Vor allem aber hat es ein überraschend eigenes kulinarisches Angebot, das man gerne weit länger als ein Wochenende geniessen würde.

Das Nira Alpina ist Teil der Nira-Gruppe von MPS Puri. Der exzentrische Inder hat über 40 Jahre in der Luxushotellerie verbracht und möchte seine noch kleine Sammlung von Luxushotels und Restaurants mit dem spirituellen und familiären Geist seiner Heimat füllen. Eklektisches Design und subtile Erotik sollen den oberflächlichen Glamour von anderswo ersetzen. Nicht psychedelisches Dekor und auch kein Räucherstäbchenduft erwartet einen jedoch in Surlej, sondern ein warmes Alpendesign mit Extras: Eine grosse Pferdestatue steht in der kleinen Lobby. Eine Bibliothek mit schweren Ledersesseln und raumhohen Fenstern liegt im Obergeschoss. In der Bar im Dachgeschoss steht der offene Kamin mitten im Raum. Und auch im eher kleinen Spa gibt ein Panoramafenster den Blick auf die winterliche Märchenlandschaft frei.

Die 70 Zimmer und Suiten gehen alle auf das Tal hinaus, bieten Aussicht auf den Silvaplanersee und die schneebedeckten Hänge des Piz Nair und der Corviglia. Und alle haben einen riesigen Balkon oder eine Terrasse. Denselben Ausblick bietet das Restaurant Stars, wo sich eine Art internationale Tapas-Küche geniessen lässt: Anstelle einer fixen Reihenfolge von Gängen gibt es verschiedene Häppchen zum Kombinieren. Dazu gehören auch Tandoori-Garnelen, Satay-Stäbchen und Sashimi. Gekrönt wird das Essen von einem breiten Angebot an offenen Weinen, darunter auch der exklusive Merlot von Werner Stucky.

Abendstimmung: Am Kamin in der Dachterrassenbar wird's gemütlich.

Neun Kilometer bis zum Cupcake

In der Dachterrassenbar geniesst man neben dem gläsernen Kamin zu Pianomusik das letzte Glas Wein und plant für den nächsten Morgen: Mindestens einmal den direkten Zugang zur Corvatschbahn nutzen ist ein Muss. 42 rote und 12 schwarze Pistenkilometer erwarten einen im bis auf 3300 Meter hinaufführenden Wintersportgebiet. Die Talabfahrt ist nicht weniger als neun Kilometer lang.

Zurück im Hotel lockt die Bakery, die auch viele auswärtige Gäste anzieht: Ein Mix aus Bäckerei, Imbissbar und Pizzeria, wo es neben Apfelstrudel und Cupcakes in herrlich kitschigen Farben auch warme Snacks über die Gasse gibt. Ein Bummel durch das nahe St. Moritz mit einer heissen Tasse Schokolade und Kuchen im berühmten Café Hanselmann bietet sich an. Neben dem Gratis-Shuttlebus des Hotels, der mehrmals täglich von Surlej nach St. Moritz und zurück fährt, profitiert man hier von einem dichten Busnetz. Die blauen und roten Busse fahren bis spät in die Nacht, so dass man auch am Abend ohne Privatauto im ganzen Oberengadin herumkommen kann.

Die Distanzen sind allerdings so kurz, dass auch Taxifahrten kaum ins Gewicht fallen. So lassen sich die vielen Möglichkeiten, die das Oberengadin als Ausgangsdestination bietet, bestens auskosten. Einer der vielen berühmten Gourmettempel der Region liesse sich testen. Jedes zehnte Hotel wurde für seine Gourmetküche ausgezeichnet, insgesamt 225 GaultMillau-Punkte vereinigen sich in der Region. Wer eine kulinarische Erfahrung der aussergewöhnlichen Art machen möchte, kann etwa einen Tisch im nahen Giardino Mountain buchen. Dort überwintert der mit zwei Michelin-Sternen

Schauen und shoppen: Eine Schlittenfahrt und eine Einkaufstour in St. Moritz gehören dazu.

ausgezeichnete Rolf Fliegauf in seinem opulent dekorierten Ecco on Snow. Der junge Deutsche war der erste Koch in der Schweiz, der sich der Molekularküche verschrieb. Inzwischen verwendet er lieber naturnahe, regionale Produkte, die er perfekt verarbeitet. Der Andrang auf das kleine Lokal ist allerdings enorm. Schon Anfang Dezember ist es jeweils bis nach Weihnachten ausgebucht. Wer mit einem Wochenende im Oberengadin liebäugelt, sollte also auch gleich den Online-Kalender des Restaurants konsultieren. Der Essential Guide St. Moritz beschreibt all die Orte, die ausserdem noch einen Besuch lohnen. Die Cava Bar im Hotel Steffani etwa oder die Diamond Lounge. Doch auch in den Sofas im Nira Alpina lässt es sich schön abhängen.

Ein Tag des Wochenendes sollte der Landschaft gewidmet werden. Denn tolle Skihänge und feine Restaurants gibt es an vielen Orten in der Schweiz – einzigartig aber ist das Oberengadin durch die von den Seen geprägte Weite des Hochtals. Nur wer einmal im Schnee rund um oder über den einen oder anderen zugefrorenen See spaziert ist und die kristallklare Luft gesehen und eingeatmet hat, kennt die Region wirklich. Pferdekutschen führen auf den beliebtesten Routen dick eingemummte Gäste spazieren und bei jeder vorbeiziehenden Kutsche fragt man sich, ob das Einmummen der Kälte gilt oder ob dahinter einer der vielen berühmten und reichen Gäste von St. Moritz steckt, der nicht erkannt werden will.

Am schönsten ist es jedoch, die Gegend auf den eigenen Füssen zu erwandern, den Schnee unter den Sohlen knirschen zu hören und die eigene Schrittgeschwindigkeit zu finden. Am dichtesten ist das Netz der Spazierwege zwischen St. Moritz und Bever. Besonders schön ist jedoch der fünf Kilometer lange Weg von Silvaplana nach Sils Maria durch die Weite des Hochtals oder in umgekehrter Richtung von Sils Baselgia nach Surlej.

Von oben bieten nicht der Corvatsch und auch nicht die Corviglia den schönsten Blick auf die prächtigste Winterlandschaft der Schweiz, sondern der Muottas Muragl. Das Berghaus ist in ein nobles Romantik-Hotel verwandelt worden und hat dank seiner Solartechnik in zwei Kategorien den Schweizer Solarpreis 2011 erhalten. Das Restaurant bietet dieselbe einzigartige Aussicht – ein Abendessen hier mit Blick auf die Lichter im Tal ist ein besonders romantisches Erlebnis. Von der Bergkuppe führt ein Schlittelweg für geübte Schlittler ins Tal hinunter, mit Haarnadelkurven ganz dicht am Abgrund. Auf vier Kilometern geht es über 20 Kurven und über 700 Meter hinab – da hilft manchmal nur noch ein Notstopp mit einer Drehung Richtung Schneewall.

Auf dem St. Moritzersee findet an drei Sonntagen im Februar jeweils das White Turf, Pferderennen auf Eis und Schnee, statt. Vor allem das Skijöring, bei dem sich Skifahrer von Pferden ziehen lassen, ist spektakulär. Und dann bleibt plötzlich noch so viel zu tun: Die Crestabahn wollte man sich einmal aus der Nähe anschauen und natürlich die Bobbahn, auf der auch Gästefahrten durchgeführt werden. Für 250 Franken kann man sich hier zwischen Bremser und Pilot setzen und auf 4G beschleunigen lassen. Nur 75 Sekunden dauert die rasante Fahrt, das Adrenalin, das dabei ausgeschüttet wird, wirkt ziemlich viel länger und als bleibendes Souvenir gibt's ein Diplom.

Und schliesslich gilt es noch, die Engadiner Wintersonne ausgiebig auszukosten. Dank ihr wurde in St. Moritz 1864 der Wintertourismus erfunden: Der Hotelier Johannes Badrutt wettete mit ein paar englischen Sommergästen, sie würden auch im Winter hemdsärmelig auf der Terrasse sitzen und die Sonne geniessen können. Er gewann die Wette, die Engländer blieben von Weihnachten bis Ostern und reisten braungebrannt heim. Auch wenn es sich heute kaum mehr jemand leisten kann, drei Monate zu bleiben – die Sonne ist immer noch dieselbe.

Sport im Schnee: Das Skijöring am White Turf ist spektakulär – und auch auf der Schlittelbahn wird's schnell.

St. Moritz ist mit der Rhätischen Bahn auch im Winter bequem zu erreichen.

Was wo wie viel

Unterkunft **Nira Alpina,** Via dal Corvatsch 76, 7513 Silvaplana, T +41 81 838 69 69, reservation@niraalpina.com, www.niraalpina.com, 70 Zimmer und Suiten mit bis zu vier Betten, alle mit grossen Balkonen oder Terrassen, drei Restaurants und eine Bäckerei mit Imbissbar, Bar, Spa mit Sauna, Dampf- und Sprudelbad sowie Treatment-Abteilung. Doppelzimmer im Winter ab CHF 465 inkl. Frühstücksbuffet, Einzelzimmer ab CHF 410.

Anreise Mit der Bahn bis St. Moritz, Gratis-Abholdienst durch das Hotel (Fahrt 10 Minuten).

Bergbahnen **Station Corvatsch,** Via dal Corvatsch 73, 7513 Silvaplana, T +41 81 838 73 73, info@corvatsch.ch, www.corvatsch.ch, Tageskarte CHF 73, Jugendliche 13–17 Jahre CHF 49, Kinder 6–12 Jahre CHF 24, Halbtageskarte ab 11.45 Uhr CHF 60 bzw. 40/20, Nachmittagskarte ab 14.15 Uhr CHF 44 bzw. 30/15, für Gäste des Hotels gratis (gilt nicht für Spezialarrangements).

Muottas Muragl Engadin St. Moritz Mountains AG, Via San Gian 30, 7500 St. Moritz, T +41 81 830 00 00, info@mountains.ch, www.muottas-muragl.ch, Bergbahn fährt ab 8.40 Uhr alle 30 Minuten bis 23 Uhr, Einzelfahrten CHF 33 bzw. 22/11, Schlittenmiete an der Bergstation CHF 15.

Bus **Engadin Bus,** Via Rosatsch 10, 7500 St. Moritz, T +41 81 837 95 95, info@engadinbus.ch, www.engadin-bus.ch, Tageskarte für zwei Zonen (Surlej bis Celerina) CHF 10.80.

Gourmettempel **Ecco on Snow,** Via Maistra 3, 7512 Champfèr, T +41 81 836 63 00, welcome@giardino-mountain.ch, www.giardino-mountain.ch, offen von Mitte Dezember bis Mitte März jeweils Mi–So.

Winterwandern Prospekte mit den Routen gibt's im Hotel und an der Talstation des Corvatsch. Infos: Engadin St. Moritz, Via San Gian 30, 7500 St. Moritz, T +41 81 830 00 01, allegra@estm.ch, www.engadin.stmoritz.ch.

Pferdeschlitten **Wohlwend & Co.,** Chapella 230a, 7526 Cinuos-chel, T +41 81 854 29 53, info@engadin-reiten.ch, www.engadin-kutschen.ch, Preise auf Anfrage.

Bobfahrt **Olympia Bob Run St. Moritz-Celerina,** Plazza Gunter Sachs, 7500 St. Moritz, T +41 81 830 02 00, info@olympia-bobrun.ch, www.olympia-bobrun.ch, Gästefahrten CHF 250, Reservierung auch online.

Tipp 5

Melchsee-Frutt

Sonne, Schnee und Sterne

Unterkunft Frutt Lodge & Spa, ein Viersternehaus auf 1920 Metern über Meer mit genussreichem Innenleben und grandioser Sicht auf den Mikrokosmos Melchsee-Frutt.

Anreise Mit Bahn und Postauto bis Stöckalp und mit der neuen Gondel in 12 Minuten nach Melchsee-Frutt hinauf. Das Hotel liegt wenige Gehminuten oberhalb der Bergstation auf einer Hügelkuppe.

Ankunft Apéro in der Lounge, Nachtessen im Titschli, Schlummertrunk in der Treichle-Bar.

1. Tag

Skifahren oder Snowboarden. Schon kurz nach 8 Uhr sind die Einheimischen unterwegs, mittun! Man beginnt wenn nötig am Übungslift Vogelbüel oder fährt vom Distelboden mit dem Skilift aufs Balmeregghorn, dann geht's auf die Erzegg und zum Mittagessen auf den Bonistock, von wo aus die schwarze Piste ins Tal führt. Der Freestyle-Park befindet sich oberhalb Distelboden. Abendessen im Gourmetrestaurant Frutt Stübli.

Langschläfer Direkt an der Gondelbahn zum Bonistock anstehen – und dafür die Talfahrt zweimal machen.

Schlechtwetter Planschen und schwitzen im Spa, eine verwöhnende Behandlung geniessen, sich mit einem guten Buch ans Kaminfeuer in der Lounge setzen.

2. Tag

Schneeschuh- oder Fusswanderung rund um die Hochebene oder Eisfischen, Schlittenfahrt: Mit den Schneeschuhen vom Bonistock über Tannalp auf die Erzegg, zu Fuss zur Tannalp und zurück, Schlittenfahrt zur Stöckalp hinunter – entweder morgens oder bei der Abreise. Das Gepäck wird per Gondelbahn transportiert.

Langschläfer Nur Wanderung um die Hochebene und Schlittenfahrt.

Schlechtwetter Nochmals ausgiebig den Spa geniessen, früher abreisen und auf der Heimreise wieder einmal das Verkehrshaus in Luzern besuchen.

Weisse Weite:
Die Winterwanderwege auf der Frutt sind besonders breit.

Haus mit Ausblick: Die Winterlandschaft ist immer zum Greifen nah.

Es ist, als hätte jemand mit ganz viel LED-Technik nachgeholfen: Am Nachthimmel leuchten unzählige Sterne, sicher doppelt oder dreimal so viele wie im Tal unten, das doch nur eine halbe Postauto- und Gondelbahnstunde entfernt liegt. Auch scheinen sie viel näher zu sein als sonst. Es ist das Fehlen jeglicher Lichtquellen in dieser Hochebene, das das nächtliche Firmament in seiner ganzen Pracht sichtbar macht. In der Talsohle schimmern nur ein paar wenige Lichter von Gasthäusern, ansonsten ist es auf der zum Tal gerichteten Seite des Hotels unten komplett dunkel – und oben glitzert der Himmel mit Tausenden von Kristallen. Würde jemand von der Starlight Finder Foundation diese sehen, hätte die Frutt vielleicht Chancen, UNESCO Welterbe zu werden. Die Stiftung zeichnet nämlich besonders schöne Schauplätze auf das nächtliche Firmament als Sternenlicht-Reservate aus – und die UNESCO nimmt die besten davon in die Liste des astronomischen Welterbes auf. Zurzeit gibt es rund 30 solche Orte, wobei es bislang ausschliesslich Stätten mit astronomischer Ausrichtung sind: das Observatorium von Greenwich etwa und die Pyramiden von Gizeh.

Mit dem Slogan «Den Sternen so nah» wirbt die Frutt Lodge, das im Dezember 2011 eröffnete Viersternehotel oberhalb der Bergstation Frutt. Der kubische Bau liegt hoch über dem Melchsee auf 1920 Metern und ist damit angeblich das höchstgelegene Viersternehotel an einem See in Europa. Vom See ist im Winter allerdings nichts zu sehen, eine meterdicke Eisschicht und Schnee bedecken ihn. Doch gerade darum zieht er Besucher an: Der Melchsee ist ein Lieblingsziel für Eisfischer. Sie gehörten zu den ersten Gästen, als die Lodge eröffnet wurde.

Lodge-Feeling: Das Haus steht seinen Vorbildern in den Rocky Mountains in nichts nach.

Von aussen ein nüchterner Steinbau, strahlt das Haus im Inneren tatsächlich die Wärme einer Lodge aus: Eine grosse, zwei Stockwerke hohe Hotelhalle mit Kaminfeuer und riesigem Kronleuchter sowie bequemen Sesseln lädt Eintretende ein, sich erst einmal eine gemütliche Runde zu gönnen. Ein bisschen wähnt man sich in den Rocky Mountains, wären da nicht die Obwaldner Muster an den Holztäfelungen.

Fenstersims zum Ausspannen

Die Treichle-Bar mit einem Ring voller grosser Treicheln, Kuhglocken, schliesst sich an, daneben liegt eines von zwei Restaurants und vor den Räumen eine durchgehende Terrasse mit Panoramablick. Dieselbe prachtvolle Aussicht bieten die zum Tal hin gewandten Gästezimmer in den oberen Stockwerken. Alle Zimmer sind überdurchschnittlich gross, Blickfang ist ein grosses Fenster mit breitem Sims und Sofa, von wo aus sich das Bergpanorama in ganz privater Atmosphäre geniessen lässt.

Bei der Ankunft stellt sich die Frage: In die Bar oder doch schon zum ersten Augenschein in den Spa? Der Entscheid, sich einen ausgiebigen Apéro zu gönnen, wird unverzüglich belohnt: Der Cocktail Frutt Lodge Spezial, dessen Ingredienzen geheim sind, schmeckt hervorragend, die Stimmung in der Bar ist gesellig und unkompliziert – echtes Lodge-Feeling kommt auf.

Das Titschli überzeugt mit rustikalem Interieur und regionalen Spezialitäten: Hagu Hans Gotlett mit Kernser Bandnudeln oder Bauernhörnli, Melchtaler Black Angus Hacksteak und ein Holunderblütensüppchen zum Dessert sind auf der Karte zu finden.

Überschaubar: Das Skigebiet ist rund um das kleine Dorf Frutt angeordnet.

Dann macht sich die Höhenluft bemerkbar, die Glieder werden schneller schwer als gewohnt. Wer sich jetzt nicht noch mit anderen in der Treichle-Bar trifft, zieht sich bald zurück. Und in dem Augenblick, in dem das Licht im Zimmer ausgeschaltet wird, leuchtet er auf, unvermittelt und atemberaubend: der Nachthimmel mit einer unglaublichen Sternendichte.

Und dann schläft man ein und lässt die Höhe auf sich wirken – so wie Viktor Röthlin. Der Marathonläufer hat sich hier auf Olympia 2012 vorbereitet, fuhr jeden Abend von seinem Haus in Ennetmoos auf die Frutt hinauf, übernachtete da und fuhr morgens um sieben wieder hinunter.

Schneesportgebiet für jede Tageszeit

Schon kurz nach acht weckt ein eigentümliches Geräusch die ersten Hotelgäste. Ein stetes Knirschen und Knacken dringt von draussen ins Zimmer. Ein Blick hinaus bestätigt es: Mit der Ankunft der ersten Gondel an der Bergstation steigen Dutzende von Schneesportlern vor dem Haus auf Ski und Snowboard. Ja, die Obwaldner sind Frühaufsteher. Die Einheimischen nutzen die ersten zwei, drei Stunden ohne die Tagesausflügler aus dem Unterland, wenn die Warteschlangen vor den Liften und Gondeln noch kurz und die Pisten noch frisch sind. Dafür fahren sie schon kurz nach 14 Uhr wieder talwärts, wenn auf dem Hochplateau die ersten Schatten aufziehen.

Das Skigebiet Melchsee-Frutt ist überschaubar: Zehn Pisten mit insgesamt 32 Kilometern gibt's, vornehmlich leichte und mittelschwere. Die anspruchsvollste führt vom Bonistock hinunter auf die Stöckalp, die Talstation der Gondelbahn. Die Anlagen führen von Fruttdörfli im Zentrum des Hochtals

Schneespass in Variationen: Skifahrer geniessen die Frutt ebenso wie Schneeschuhläufer.

in fünf verschiedenen Richtungen den Berg hoch. In dem Masse, in dem der Schatten vom Melchsee her auf die hinteren Hänge vorrückt, verschieben sich die Schneesportler an die verbleibenden Sonnenhänge.

Auch wer dem Nichtstun frönt und auf der grossen Terrasse der Frutt Lodge das Treiben beobachtet, spürt im Januar schon um 14 Uhr die Wirkung des schwindenden Sonnenlichts. Wenn der erste Schatten auf die Terrasse fällt, wird es schlagartig ein paar Grad kälter. Warme Decken helfen, den Temperatursturz etwas auszugleichen. Doch spätestens jetzt ist es Zeit, das Hochtal, wenn nicht auf Brettern, zu Fuss zu entdecken. Anstatt der Piste entlang ins Tal hinunterzusteigen, nimmt man den Lift: Ein grosser Panorama-Aufzug führt seit Winter 2011 von einer Kanzel aus über 32 Meter Höhendifferenz hinunter zur Talsohle. Von dort führen gut präparierte Wander- und Schneeschuhwege in kleineren und grösseren Bogen rundherum.

Stolze Eisfischer

Vom gefrorenen Melchsee her stapfen gerade ein paar Hobbyfischer Richtung Dörfli. Was sie gefangen hätten? Stolz zeigen sie auf ein halbes Dutzend Forellen und kanadische Seesaiblinge, so genannte Namaycushs, in ihren Plastiksäcken. «Und wie habt ihr das Loch gemacht?» Der eine Fischer lacht: «Wir haben ins Eis gepinkelt.» Man glaubt es ihm fast: In den Plastiksäcken liegen mindestens doppelt so viele leere Bierdosen wie Fische. Tatsächlich hat ihnen aber ihr Guide am Morgen das Eisloch gebohrt – mit Fischerbrevet ist das Eisfischen auch ohne Aufsicht erlaubt, solange die gefangenen Fische dann dem Aufseher vorgewiesen werden.

Nicht wenige Winterwanderer nutzen hier die Möglichkeit, sich erstmals Schneeschuhe anzuschnallen und im Entengang in die weisse Weite zu ziehen. Allerdings bilden die vom Pistenfahrzeug gespurten Wege im Hochtal in Breite und Festigkeit eigentliche Schneeautobahnen, selbst mit einfachen Boots geht man hier ganz bequem. Nur die Strecke vom Bonistock aus über den Homad und die Tannalp zur Erzegg stapfen Schneeschuhsportler auf schmalen Pfaden auf anspruchsvollem Gelände durch den Schnee. Diese Route ist aber nicht für Anfänger geeignet.

Das Berggasthaus Tannalp oberhalb des Tannensees ist auch ohne Schneeschuhe ein empfehlenswertes Zwischenziel, die Sonnenterrasse lockt zum Verweilen. Im Sommer ist die Tannalp eine der Raststätten für die beliebte Vier-Seen-Wanderung vom Melchsee nach Engelberg. Im Winter liegen die beiden Skiregionen nur auf Sichtweite nah. Pläne, die Bergbahnen und Pisten von Engelberg und Melchsee-Frutt zu einem grossen Skigebiet zu vereinen, scheiterten bislang am Widerstand der Bevölkerung. Man will gar nicht zusammengehören.

Ein Muss ist die Frutter Schlittelbahn. Über acht Kilometer Fahrt bietet der Weg von der Bergstation Melchsee-Frutt zur Stöckalp hinunter. Beim anschliessenden Besuch im Spa der Lodge befällt einen Reue, nicht schon am Vortag hierher gekommen zu sein: Ein prachtvoller Swimmingpool mit Sprudeln verbreitet mit wechselnder Beleuchtung exotische Stimmung. Und selbst die finnische Sauna, in der eine ganze Fussballmannschaft Platz finden würde, bietet mit Panoramafenstern einen herrlichen Blick in die Schneelandschaft hinaus. Das Abendessen im Gourmetrestaurant Frutt Stübli schliesslich, das mit 14 GaultMillau-Punkten ausgezeichnet ist, ist ein Gedicht. Was Mike Zarges mit seinem Team hier auf den Teller zaubert, lässt die Geschmacksnerven auch auf fast 2000 Metern Höhe noch vibrieren. Für Ausdauer-Geniesser gibt's ein Sieben-Gänge-Menü – märchenhaft nicht nur die Zahl.

Ungewöhnlicher Wintersport:
Für Eisfischer ist der Melchsee ein Traumziel.

Es ist, als hätte man ihn mit LED-Lampen verstärkt: Nachthimmel, wie er auf der Frutt zu sehen ist.

Was wo wie viel

Unterkunft **Frutt Lodge & Spa,** Frutt 9, 6068 Melchsee-Frutt, T +41 41 669 79 79, info@fruttlodge.ch, www.fruttlodge.ch, Doppelzimmer ab CHF 298 inkl. Frühstück, Einzelzimmer ab CHF 238, mit Dine-Around CHF 408 bzw. CHF 293, Samstags-Zuschlag CHF 30 pro Zimmer.

Anreise Mit Bahn und Postauto bis Stöckalp und mit der neuen Gondel in 12 Minuten nach Melchsee-Frutt hinauf. Das Hotel liegt wenige Gehminuten oberhalb der Bergstation auf einer Hügelkuppe.

Schneesport **Ski, Snowboard** Tourismusverein Melchsee-Frutt, Sarnerstrasse 1, 6064 Kerns, T +41 41 669 70 60, info@melchsee-frutt.ch, www.melchsee-frutt.ch, Tageskarte für Erwachsene CHF 50, Jugendliche 16–19 Jahre CHF 38, Kinder 6–15 Jahre CHF 19. **Schlitteln** Schlitteltageskarte CHF 37 bzw. 28/19, Nachtschlitteln CHF 19 bzw. 16/9.40, Schlittenmiete CHF 18 pro Tag, CHF 13 ab 13 Uhr, T +41 41 669 70 60. **Schneeschuhtouren** Tourenvorschläge sind beim Verkehrsbüro erhältlich. Geführte Touren für bis zu 8 Personen führt die Skischule durch: Schweizer Ski- und Snowboardschule Melchsee-Frutt, T +41 41 669 11 77, info@melchsee-fruttsnowsports.ch, kleine Tour CHF 160 (2 Stunden), grosse Tour CHF 270 (4 Stunden), Miete Ausrüstung CHF 15.

Eisfischen Anmeldung beim Tourismusverein Melchsee-Frutt, Sarnerstrasse 1, 6064 Kerns, T +41 41 669 70 60, www.melchsee-frutt.ch, Schneeschuhe sind obligatorisch, Köder selber mitbringen, Eisbohrer und Schneeschaufel werden zur Verfügung gestellt. Pro Person dürfen maximal fünf Forellen gefangen werden.

Allgemeine Informationen **Astronomische Welterbe der UNESCO** www2.astronomicalheritage.net.

Tipp 6

Weggis

Urschweizer Berühmtheiten

Unterkunft Wellness Hotel Rössli, ein wunderbar stimmiges Haus mit sehr schönen, modernen Zimmern, einem tollen Spa und guter Küche im Herzen von Weggis.

Anreise Mit der Bahn bis Küssnacht am Rigi und mit dem Bus bis Weggis oder mit dem Schiff bis Weggis und die Seepromenade entlang bis in den Dorfkern, 10 Minuten zu Fuss.

Ankunft Apéro im Rössli oder im ZEE am Wasser vorne, Abendessen im Rössli, Bummel den See entlang.

Ohne Dampfschiff undenkbar: Stillleben am Seeufer von Weggis.

1. Tag

Fahrt mit der Seilbahn nach Rigi-Kaltbad und von dort mit der Bahn nach Rigi-Kulm, Wanderung auf dem Weg der Naturschätze bis Hinterbergen, mit Seilbahn und Bus zurück nach Weggis.

Langschläfer Fahrt nach Rigi-Kulm und Spaziergang zurück nach Rigi-Kaltbad, Besichtigung des neuen Bads.

Schlechtwetter Planschen und dampfen im La Mira Spa im Hotel Rössli mit Pflege- oder Wohlfühlbehandlungen.

2. Tag

Fahrt mit dem Schiff nach Kehrsiten, mit der Standseilbahn auf den Bürgenstock, Wanderung über den Felsenweg und den Gipfel nach Honegg, zurück nach Bürgenstock (Wanderung 2 Stunden) oder hinunter nach Ennetbürgen und Beckenried und per Schiff zurück nach Weggis (4 Stunden).

Langschläfer Tour bis Bürgenstock-Gipfel und auf demselben Weg wieder zurück.

Schlechtwetter Fahrt nach Rigi-Kaltbad und Besuch des Mineralbads & Spa.

Die Uhr an der Schiffstation zeigt 18 Uhr. Ein japanischer Tourist wartet am Steg, fotografiert mit seinem Mobiltelefon die Beschriftungen, die Geländer und – etwas unauffälliger – auch die vermeintlichen Eingeborenen. Eine indische Familie mit Kinderwagen wartet ebenfalls, ebenso ein Biker mit seinem Rennvelo. Nun legt das letzte Kursschiff Richtung Luzern an und nimmt die Passagiere auf. Dies ist der Augenblick, in dem Weggis vom Ausflugs- zum Ferienziel wird: Jetzt gehört das idyllische Dorf am Wasser ganz denen, die sich mehr als ein paar Stunden Zeit nehmen, es kennenzulernen.

Am besten geniesst man diesen Augenblick auf einer Seeterrasse beim Apéro. Im ZEE zum Beispiel, ganz in der Nähe der Schiffstation. Die Terrasse bietet einen Rundblick über den See bis zur Nidwaldner Nase und auf den Bürgenstock. Mit der untergehenden Sonne wechselt der See von sattem Rosa in tiefes Blau. Es gibt hervorragenden Schweizer Weisswein im Offenausschank. Gastgeber Hédi Challakh serviert persönlich eine ganze Platte von feinen Häppchen dazu und wechselt ein paar Worte zum Feierabend. Keine Frage: Hier sind Gäste echt willkommen.

Eine stimmungsvolle Gartenterrasse für den Apéro, wenn auch ohne Seesicht, bietet auch das Hotel Rössli, das man von der Schiffstation in knapp zehn Minuten in einem kurzen Spaziergang die Seepromenade entlang erreicht. Ungekünstelt freundlich ist auch hier der Empfang. Ein Willkommensdrink wird offeriert, der Gast zum Zimmer begleitet, welches angenehm überrascht: Das Superior-Zimmer mit schickem Kirschbaumholzboden bietet auf 30 Quadratmetern modernsten Komfort sowie eine idyllische Loggia mit den warmen Holzschindeln an den Wänden, mit denen die Hausfassade seit der

Beliebtes Ausflugsziel: Wenn das letzte Dampfschiff ablegt, gehört Weggis den Geniessern.

Das Hotel Rössli bietet einen grossen Wellnessbereich und gute Architektur.

letzten Renovierung verkleidet ist. Sogar ein kleines Stückchen See ist von da aus zu sehen, wenngleich das Haus in der zweiten Reihe steht. Und all das zu einem Preis, der viel weniger erwarten lässt.

Wellness für Budgetbewusste

Das Wellness Hotel Rössli war lange eines der beliebtesten Dreisternehotels – und weit und breit das einzige Dreisternehaus mit einer Wohlfühlanlage, die diesen Namen verdiente. Denn der Komfort lag schon seit der ersten grossen Renovierung des Hauses 1990 weit über der Hotelkategorie und ihren Preisen. Im Zuge des letzten Aus- und Umbaus 2011 wurde das Hotel als Viersternehaus zertifiziert. Doch das aussergewöhnliche Preis-Leistungs-Verhältnis ist geblieben. Angefangen beim modernen und geräumigen Spa über die stylischen Zimmer bis hin zur Küche ist alles weit hochwertiger, als der Preis es vermuten liesse.

Wie die meisten Hotels am Ufer von Weggis hat das Haus eine lange Geschichte hinter sich. Die Wirtschaft Rössli gab es schon im 16. Jahrhundert, sie war das erste Gasthaus von Weggis, das die Sommerresidenzen der reichen Städter in Weggis ergänzte. Die milde Lage am See und der Schutz vor dem Nordwind machte das Dorf beliebt. Der Grundstock des heutigen Baus stammt aus dem Jahr 1898. Josef Nölly übernahm das Haus 1975 mit seiner Frau, einer Holländerin. Zunächst stiegen vor allem holländische Reisegruppen im Rössli ab. Die Weggiser Dorfjungen strichen jeweils um das Rössli, um die blonden Holländerinnen, die dort im Service arbeiteten, zu bestaunen. Nach den ersten grossen Renovierungen setzte Nölly Anfang der 1990er-Jahre als einer der ersten in der Schweiz ganz auf den damals neuen Wellnesstrend. Das Rössli wurde zum Wellnesshotel. Heute heisst die inzwischen mehrmals erweiterte und gestylte Wohlfühlanlage modegemäss Spa – doch das Wellness im Hotelnamen ist geblieben.

Flavour – Geschmack – heisst das Restaurant im Rössli. Der Name ist Programm, der Seeteufel mit Rucola und Pinienkernen schmeckt hervorragend und das Weinangebot mit feinen Tropfen aus der Schweiz, Europa und Übersee ist beeindruckend.

Nach dem Essen geht's in den Ausgang. Ja, Weggis hat ein überraschend lebendiges Nachtleben. Ob im Lüüchttürmli beim Hotel Central am See, wo man sich auf den Bootsstegen sitzend schaukeln lassen kann, in der Bar des Restaurants Grape im Haus National ganz in der Nähe des Rössli, im Liquid Soul, wo Darts und Poker gespielt wird, oder eben im ZEE, überall ist etwas los.

Auf den Spuren von Mark Twain

Früh los muss, wer den Hausberg von Weggis, die Rigi, ganz zu Fuss bezwingen will. Zweieinhalb Stunden brauchen ganz Geübte von der Talstation der Luftseilbahn Weggis, um die 1000 Höhenmeter von Weggis auf Rigi-Kulm zu überwinden. Das geht aber nur mit viel Puste, guten Schuhen und einem Wassertank mit Schlauchvorrichtung am Rucksack, die es ermöglicht zu trinken, ohne dass man dazu den Rucksack absetzen und öffnen muss.

Der Baedeker-Reiseführer, den Mark Twain bei seiner Rigi-Besteigung im Jahr 1888 konsultierte, gab für die Strecke dreieinhalb Stunden an. Tatsächlich brauchte Twain dann allerdings drei Tage und beschrieb diese Episode mit viel Ironie in seinem Buch «Bummel durch Europa». Twain, der eigentlich Samuel Langhorne Clemens hiess, kam 19 Jahre später mit seiner Familie nach Weggis zurück, um in Ruhe den Tod seiner ältesten Tochter zu verarbeiten. Er wohnte im Schlössli Bühlegg bei Hotelpionier Alois Dahinden, der

**Ob per Bahn oder zu Fuss:
Die Rigi gehört zum Pflichtprogramm.**

Ein Ausblick zum Immer-wieder-hinsehen: der Vierwaldstättersee mit dem Bürgenstock.

auch das Hotel Bellevue in Rigi-Kaltbad gründete, und schrieb über die Weggiser auch wenig Schmeichelhaftes, über den Ort selber aber: «This ist the most charming place we have ever lived in for repose and restfulness!»

Wer es gemütlich nehmen will, nimmt die Rigibahn ab Vitznau, Europas erste Zahnradbahn. In einer halben Stunde bringt sie einen vom See auf Rigi-Kulm, von dort sind es nur noch Minuten zur Bergspitze und zur riesigen Antenne, die die Königin der Berge krönt. Bequem spaziert es sich dann abwärts. Von First aus führt eine besonders schöne Route über das Berggasthaus Chalet Schild, den Felsenweg und das Restaurant Unterstetten zur Blüemlisegg und hinunter auf den Eselberg, wo das Restaurant Hinterbergen einen feinen Imbiss bietet. Von dort gleitet man mit der kleinen Kabinenbahn mit Betrieb auf Verlangen wieder nach Vitznau. Weg der Naturschätze nennt sich die Route und ist mit zwölf Infotafeln versehen, die Wissenswertes über die Biodiversität liefern.

Aussichtspunkte beidseits des Sees

Ein wahrer Genuss ist die Wanderung aber der wunderbaren An- und Aussichten wegen. Die saftigen Magerwiesen, das glitzernde Felsband, von dem Wasser rieselt, die natürliche Arena, in der jeweils das Rigi-Schwingen stattfindet. Und immer wieder: der prachtvolle Vierwaldstättersee.

Prachtvolle Ausblicke bietet auch die folgende Ausflugsroute am anderen Seeufer: Mit dem Schiff fährt man von Weggis nach Kehrsiten-Bürgenstock und von dort mit der Zahnradbahn auf den Bürgenstock. Bis 2014 entsteht hier ein neues Resort der Superlative mit 400 Zimmern, 68 Residenzen, darunter ein spektakuläres Waldhotel von Stararchitekt Matteo Thun. Die Bauherren aus Katar investieren 475 Millionen Franken in das Grossprojekt. Der idyllische Felsenweg soll erhalten bleiben. Und auch der von weit her sichtbare Hammetschwandlift auf die Bergspitze ist im Resort-Plan als fixes Highlight eingezeichnet. Vom Gipfel führt ein bequemer Pfad auf der Sonnenseite über das Chänzeli hinunter nach Honegg, wo ein weiterer Prachtbau steht. Die Villa Honegg mit zwölf luxuriösen Suiten, einem Gourmetrestaurant und einem Spa bietet eine tolle Aussicht auf den See und die umliegenden Berge. Das grosse Terrassencafé mit bequemen Schaukelstühlen steht auch Passanten offen: eine einzigartige Gelegenheit für einen Fünfsterne-Imbiss mit Ausblick. Von hier geht's entweder zurück zum Bürgenstock oder – für Geniesser mit starken Knien – weit hinunter nach Ennetbürgen und per Bus nach Beckenried, von wo um halb fünf das letzte Schiff zurück nach Weggis fährt.

Egal, welche Route man wählt und zu welcher Zeit man aufbricht – am Ende wird in Weggis in jedem Fall die Zeit knapp. Der La Mira Spa im Rössli sollte ja noch ausgiebiger genossen werden, eine der exotischen Behandlungen wie die Sanshui-Massage oder das Java Lulur schürt Gelüste. Das neue Mineralbad in Rigi-Kaltbad von Mario Botta wollte man noch besichtigen. Ganz zu schweigen vom Apéro am See, von der rosafarbenen bis zur blauen Stunde. Ein gutes Versprechen, um wiederzukommen.

Bequem und genussreich: Vom Bürgenstock-Lift geht's nicht weit bis zur Fünfsterne-Terrasse der Villa Honegg.

Idylle der Voralpen:
Rigi-Kulm ist Landwirtschaftszone.

Was wo wie viel

Unterkunft **Wellness Hotel Rössli,** Seestrasse 52, 6353 Weggis, T +41 41 392 27 27, mail@wellness-roessli.ch, www.wellness-roessli.ch, fünf verschiedene Zimmerkategorien von traditionell bis modern gestylt, ab CHF 125 pro Person inkl. Frühstück.

Anreise Mit der Bahn bis Küssnacht am Rigi und mit dem Bus bis Weggis oder mit dem Schiff bis Weggis und die Seepromenade entlang bis in den Dorfkern, 10 Minuten zu Fuss.

Wandern Der Rigi-Guide und der Info-Guide Weggis Vitznau Rigi mit Karten und Ausflugstipps liegen im Hotel auf. Darin sind auch die Fahrpläne der Rigibahnen aufgeführt. Die Broschüre zum Weg der Naturschätze an der Rigi liegt am Beginn des Wegs in Rigi-First auf.

Schifffahrt Die Fahrpläne der Schiffsflotte auf dem Vierwaldstättersee sind auf www.lakelucerne.ch und an der Schiffstation zu finden. Achtung: Von Beckenried nach Weggis fährt nach 16.30 Uhr kein Schiff mehr.

Ausgehen **Restaurant ZEE,** Seestrasse 21, 6353 Weggis, T +41 41 390 01 70, genuss@restaurant-zee.ch, www.restaurant-zee.ch, offen Di–So 10–23 Uhr.

Lüüchttürmli Bistro-Bar/Bootsvermietung, Seestrasse 27, 6353 Weggis, T +41 41 390 04 04, luechttuermli@gmx.ch.

Liquid Soul, Seestrasse 8, 6353 Weggis, T +41 79 232 54 45, www.liquid-soul.ch, geöffnet täglich 17–0.30 Uhr.

Wellness Der Eintritt ins **La Mira Beauty & Spa** im Rössli ist für Hotelgäste gratis. Das Angebot an Behandlungen umfasst mehr als ein Dutzend Seiten. Ganzkörperbehandlungen sind ab CHF 45 zu haben, Gesichtspflege ab CHF 105. Reservierung empfohlen: T +41 41 392 27 72, info@lamira.ch, www.lamira.ch.

Mineralbad & Spa Rigi-Kaltbad, 6356 Rigi-Kaltbad, T +41 41 397 04 06, info@mineralbad-rigikaltbad.ch, www.mineralbad-rigikaltbad.ch, Eintritt CHF 35, Kinder 7–15 Jahre CHF 15, mit Ölmassage, Badetuch und Glas Prosecco ab CHF 95, mit Ticket der Rigibahn CHF 10 bzw. 5 günstiger.

Tipp 7

Entlebuch

Natur und natürliche Freuden

Unterkunft Hotel Landgasthof Kemmeriboden-Bad im hintersten Emmental, ein Juwel von aussen und innen, mit vielen verschiedenen Zimmern, sogar einem Heuboden, einer hervorragenden Küche und einer originellen Planschanlage.

Anreise Mit dem Zug nach Escholzmatt und mit dem Postauto über Marbach nach Kemmeriboden.

Ankunft Apéro in der Bar, Abendessen in der Adlerstube oder im Garten.

1. Tag

Fahrt nach Marbach, Besichtigung der Wasserbüffel und der Käserei Marbach. Fahrt auf Marbachegg und Wanderung zurück nach Kemmeriboden-Bad oder Gleitschirmflug nach Marbach und Rückreise mit dem Bus.

Langschläfer Direkt auf die Marbachegg und Wanderung oder Gleitschirmflug.

Schlechtwetter In einer der gemütlichen Gaststuben die Ruhe geniessen und die Sauna und den Hot Pot nutzen.

2. Tag

Fahrt mit Bus und Zug nach Sörenberg und mit der Bergbahn nach Rossweid, Wanderung über Salwideli und das Hochmoor zurück nach Kemmeriboden-Bad (Wanderung 3½ Stunden, Anreise 1 Stunde).

Langschläfer Wanderung von Kemmeriboden nach Salwideli und zurück (2½ Stunden).

Schlechtwetter Etwas früher abreisen und in Wolhusen das Tropenhaus besuchen.

Von der UNESCO geschützt: Das Hochmoor oberhalb Sörenberg ist eines der schönsten überhaupt.

Genussvoller Ausblick und Anblick: die Schrattenfluh neben der Merängge in Kemmeriboden-Bad.

Die Belohnung für die lange Wanderung ist rund 20 Zentimeter lang, cremefarbig, hat Wellen und schmeckt mit viel Schlagrahm himmlisch: Meringues, oder Meränggen mit Chäserei Nidle, wie sie hier heissen, sind die Spezialität von Kemmeriboden-Bad und werden an einem schönen Nachmittag hundertfach aufgetischt. Unter dem ausladenden Hausdach oder im Gartenrestaurant vor der schönen Holzfassade sitzt man und schwelgt.

Der Landgasthof Kemmeriboden-Bad gehört zu Schangnau und liegt zuhinterst im bernischen Emmental. Er eignet sich hervorragend als Unterkunft für Ausflügler ins angrenzende Entlebuch. Denn die schönsten Touren durch die UNESCO Biosphäre enden hier in der Talsohle an der jungen Emme. Und der Landgasthof ist ein Juwel. Seine Holzfassade, ein Ständerbau aus dem Jahr 1892, ist so einzigartig, dass sie regelmässig die Titelseite von Schweiz-Tourismus-Prospekten schmückt. Hinter der Fassade liegt ein persönliches, über Generationen gewachsenes und mit Herzblut gepflegtes Hotel.

Poesie für Leib und Seele

Werktags wird es oft als Tagungshotel genutzt, dank dem Helilandeplatz vor der Terrasse auch von viel Prominenz. Denn das Haus ist nicht nur weitab vom Alltag. Nach der Arbeit – oder eben am Wochenende – regiert hier der Genuss. «Wer nicht geniesst, wird ungeniessbar», steht als Motto auf dem Tischset, und «Essen und Trinken hält Leib und Seele zusammen». Dass das stimmt, merkt man spätestens beim Carpaccio vom hiesigen Rind und der Mousse aus Tomaten und Koriander auf Schangnauer Büffelmozzarella. Den Wein nennt man hier «Poesie in Flaschen» – er schmeckt daher gleich nochmals besser. Die Zimmer spiegeln die Geschichte des Hauses wider. Es gibt einfache mit Dusche, rustikal-edle mit getäferten Wänden, Dachsuiten mit Designwannen, Familienzimmer und ganz moderne mit dunklem Holzboden. Im Spycher sind die Zimmer mit Himmelbetten ausgestattet und in der grossen Scheune nimmt das neuste Zimmer die ganze Heubühne ein, eine Badewanne steht mitten im Raum und die Möbel bestehen aus Heuballen.

Strenge Regeln im Reservat

Doch das will verdient sein. Zunächst geht es also nach Sörenberg und von dort mit der Gondelbahn nach Rossweid. Natürlich könnte man auch von Kemmeriboden-Bad aus losmarschieren, aber es ist schöner, auf das Haus zuzulaufen – und bequemer, weil es bergab geht. Von der Rossweid auf 1465 Metern also hinunter zum Salwideli, wo man, wie schon auf der Rossweid, einkehren kann. Dann führt ein breiter Weg zu einem der Höhepunkte der Biosphäre: ein wunderbar ausgedehntes und auf der Bergterrasse gelegenes Hochmoor. Die runden Polster laden einen ein, von Hügel zu Hügel zu springen. Doch das Durchqueren des Moors ist nicht erlaubt, es lässt sich nur auf einem Gang rundherum bewundern. Dafür sieht es noch genau so aus, wie es auf Prospektbildern für die Biosphäre wirbt.

Das Entlebuch ist besonders reich an Moorlandschaften. In Flühli-Sörenberg machen sie zwei Drittel des Gemeindegebiets aus. Zu verdanken ist dies der hier liegenden Flyschzone: Moore entstehen auf nassen, wenig durchlüfteten Böden über Gesteinsschichten, die das Wasser stauen. Der Sauerstoffmangel verhindert, dass sich die Pflanzen vollständig zersetzen. Dadurch

Das Hotel Kemmeriboden-Bad ist berühmt für seine intakte Ständerbaufassade.

Natürliche Umgebung: die Heubühne als Gastzimmer.
Exotische Tiere: Wasserbüffel sind im Entlebuch heimisch.

entsteht eine Torfschicht, die mit der Zeit über den Wasserspiegel hinauswächst. Die charakteristischen Torfmoose ernähren sich nur von Regenwasser.

Auch dank dieser Moorlandschaften ist das Entlebuch ein Regionaler Naturpark von nationaler Bedeutung. 2001 wurde es von der UNESCO als Biosphärenreservat anerkannt. Diese Reservate gehören zum UNESCO-Programm Mensch und Biosphäre, das die nachhaltige Nutzung der Lebensräume und die Erhaltung der Vielfalt in der Natur fördern soll. Zur Biosphäre, die acht Gemeinden umfasst, gehören also nicht nur eine besonders intakte Natur, sondern auch die Landwirtschaft und ihre Produkte. Viele Besucher der Biosphäre besichtigen tatsächlich einen landwirtschaftlichen Betrieb. Der Hof Schufelbühl von Irene und Bruno Renggli in Marbach bietet sich an. Dort werden Wasserbüffel gehalten, die unter anderem den Rohstoff für den Büffelmozzarella liefern – eine Spezialität, die auch Starköche wie Ivo Adam verwenden. Die Idee übernahmen die Rengglis vom benachbarten Schangnau im Emmental, dem Hof, dessen Mozzarella in Kemmeriboden-Bad serviert wird.

Besucht werden sollte zudem die Käserei in Marbach. Auf einer Galerie kann der Produktionsprozess verfolgt werden und im dazugehörenden Laden gibt es die ganze Palette von regionalen Spezialitäten zu kaufen.

Blick vom Jura bis zum Eiger

Von Marbach führt eine Gondelbahn auf die Marbachegg auf 1470 Metern. Die Fahrt bietet einen Ausblick weit über das Tal bis zum Jura hin und oben grüssen hinter den nahen Bergzügen die Spitzen von Eiger und Mönch. Eigerblick heisst denn auch das Bergrestaurant.

Unvergessliche Augenblicke: das Hochmoor und ein Gleitschirmflug von der Marbachegg hinunter ins Tal.

Dominiert wird die Aussicht aber von der Schrattenfluh. Das markante, sechs Kilometer lange Felsband besteht aus Karrenfeldern, die das Regenwasser in den Kalk gefressen hat, und beherbergt ein weites Höhlensystem, das immer noch erforscht wird. Je nach Sonnenstand wechselt das Band seine Farbe, erscheint manchmal schneeweiss oder kupferfarben.

Im Flug hinunter

Auf der Bergspitze oberhalb des Restaurants fliegen einem die hier startenden Gleitschirmflieger ganz nah über die Köpfe hinweg, bevor der Aufwind sie höher hinauf führt. Wer möchte, kann einen Passagierflug buchen. Die Flugschule nimmt Passagiere zwischen fünf und 85 Jahren mit. Ein rasantes Vergnügen bietet ausserdem die Kartbahn. Auf dreirädrigen Gefährten geht es auf einer Holzpiste über die Alpweiden hinab. Ein Schlepplift bringt Fahrer und Gefährt wieder hinauf.

Gemütlicher gestaltet sich die zweieinhalbstündige Wanderung über die Alpweiden hinab nach Kemmeriboden-Bad mit stetem Blick auf die mächtige Schrattenfluh. In der Sauna kann man dann die Muskeln entspannen, oder auch im Hot Pot, dem grossen Holzzuber, der den Gästen im Freien zur Verfügung steht. Den Zunamen «Bad» verdankt das Haus allerdings anderen Wassern. Hinter dem Haus liegt eine Quelle mit schwefelhaltigem Wasser. Doch die Aufbereitung das kalten Quellwassers war aufwendig und der Entscheid des Seniorchefs Reto Invernizzi, kein Schwefelbad mehr anzubieten, erwies sich als Segen – wer kuren will, findet woanders gute Bedingungen, in Kemmeriboden-Bad aber pflegt man ausschliesslich den Genuss.

Die Tierwelt der Biosphäre liesse sich noch erkunden – sie hat angeblich internationale Bedeutung. An verschiedenen Wochenendtagen im Sommer führen zum Beispiel ganztägige begleitete Exkursionen auf die Fährte des Steinadlers. Geführte Touren zu Heilkräutern und Giftpflanzen gibt es, zu Pilzen und auch zu Flechten. Das Programm ist umfangreich und die Guides sind versierte Fachleute voller Engagement für ihre Biosphäre. Doch all das lässt sich gar nicht in ein Wochenende packen.

Energetisch einwandfreie Tropenfrüchte

Genügend Zeit bleibt auch mit den beiden erwähnten Wanderungen für einen Besuch in Wolhusen. Dort steht ein Projekt, das nicht direkt zur Biosphäre gehört, aber sehr gut dazu passt: das Tropenhaus. Entstanden ist es dank einer Transitgasleitung, die von Holland nach Italien führt. In Ruswil, wo eine Leitung Richtung Luzern abzweigt, steht eine so genannte Verdichterstation. Sie komprimiert das Erdgas, so dass es in einer kleineren Leitung durch die Alpen fliessen kann. Die Abwärme wird für das Tropenhaus genutzt. Nach einer Pilotanlage in Ruswil entstand 2010 die 8000 Quadratmeter grosse Anlage in Wolhusen. Aufgrund der Erfahrungen in Ruswil ist sie in eine rationelle Produktionshalle mit Fischbecken und Gewächshäusern für Dutzende von Früchten, Gemüsen und Gewürzen und eine attraktiv bepflanzte Besucherhalle, den Tropengarten, geteilt. Die hier produzierten Früchte – vorwiegend Papayas und Bananen – haben eine zehnmal bessere Ökobilanz als eingeflogene Tropenfrüchte.

Im dazugehörenden Restaurant lassen sich die Hausprodukte kosten. Passionsfruchtcreme mit frischer Papaya gibt's, Fruchtsalat und Glace. Spätestens beim Schlagrahm denkt man allerdings an Kemmeriboden-Bad zurück – und die Meränggen, die eigentlich konkurrenzlos sind.

Für Blumenfreunde: Sonnentau im Hochmoor und Tropenhaus Wolhusen.

Lohnenswerter Halt: In Marbach lockt die Käserei mit Dutzenden von regionalen Spezialitäten.

Was wo wie viel

Unterkunft **Hotel Landgasthof Kemmeriboden-Bad,** 6197 Schangnau, T +41 34 493 77 77, hotel@kemmeriboden.ch, www.kemmeriboden.ch, 29 Zimmer in mehreren Kategorien, darunter einfache zum Schlafen wie in Gotthelfs Zeiten und der gesamte Heuboden in der Scheune. Ab CHF 106.50 pro Person, Einzelzimmer ab CHF 109, inkl. Frühstück.

Anreise Mit dem Zug nach Escholzmatt und mit dem Postauto über Marbach nach Kemmeriboden.

Wandern Broschüren und Tipps sind im Hotel erhältlich. Bei Anreise über Entlebuch das Biosphäre-Journal behändigen sowie die Broschüre der Bergbahnen. Alles auch erhältlich im **Biosphärenzentrum:** UNESCO Biosphäre Entlebuch, Chlosterbüel 28, 6170 Schüpfheim, T +41 41 485 88 50, zentrum@biosphaere.ch, www.biosphaere.ch.

Gleitschirmfliegen **Ruedi Noser, Flugschule Marbach,** 6196 Marbach (vis-à-vis Talstation der Gondelbahn), T +41 79 351 81 71, info@flugschule-marbach.ch, www.gleitschirm-fliegen.ch, Passagierflug ab Marbachegg CHF 160.

Sehenswertes **Bergkäserei Marbach,** Dorfstrasse 16, 6196 Marbach, T +41 34 493 31 44, www.kaeserei-marbach.ch, geöffnet Sa 7.30–16 Uhr (mit Postauto bis Marbach, Post).

Wasserbüffel Hof Schufelbühl, 6196 Marbach, geführte Besichtigung nach Anmeldung bei Marbach Tourismus, Dorfstrasse 61, 6196 Marbach, T +41 34 493 38 04, tourismus@marbach-lu.ch.

Tropenhaus Wolhusen AG, Hiltenberg, 6110 Wolhusen, T +41 41 925 77 99, info@tropenhaus-wolhusen.ch, www.tropenhaus-wolhusen.ch, geöffnet Mi–So 9.30–17.30 Uhr, Eintritt CHF 15, Kinder 6–16 Jahre CHF 10 (Bus ab Bahnhof Wolhusen im Halbstundentakt).

FREITAG
SHOP
ZÜRICH
TIPHOOK
CAPITAL
AWS
FREITAG
OPEN

Tipp 8

Zürich

Shopping und Nightlife

Unterkunft Renaissance Hotel, das Luxushaus inmitten des Geschehens, oder 25hours, der hippe Designerschuppen mit familiärer Atmosphäre weiter draussen.

Anreise Mit der Bahn bis Zürich-Hardbrücke und zu Fuss zum Renaissance Tower oder mit der Tramlinie 4 bis Haltestelle Toni-Areal.

Ankunft Apéro in der Hotelbar oder in der Lounge des Clouds im 35. Stock des Prime Towers, Nachtessen im Les Halles, abtanzen im Hive oder im Helsinkiklub.

1. Tag

Fahrt mit der S-Bahn von Hardbrücke nach Tiefenbrunnen, Rückfahrt mit Tramlinie 4 bis Schiffbau, Besuch von Bogen 33 sowie des Freitag-Shops und Shopping im Viadukt, Mittagessen im Ambrosi oder im Restaurant Viadukt, Bummel durch die Josefstrasse, Fahrt zurück an den Escher-Wyss-Platz, Apéro in der NietturmBar, Nachtessen im LaSalle, Ausgang im Jazzclub Moods.

Langschläfer Fahrt mit dem 4er-Tram oder Bummel durch die Josefstrasse weglassen.

Schlechtwetter Alles ist auch bei schlechtem Wetter attraktiv, nur der Bummel durch die Josefstrasse wird vielleicht etwas ungemütlich.

2. Tag

Besuch des Migros Museums für Gegenwartskunst und der Galerien der Kunsthalle, Besuch des Museums für Gestaltung, Bummel zum Platzspitz und Spaziergang zu den Bernoulli-Häusern, Mittagsimbiss unterwegs in der Gnüsserei im Puls 5.

Langschläfer Nur das Museum für Gestaltung besuchen und dann gleich auf den Platzspitz zum Beginn des Spaziergangs (oder auch diesen Museumsbesuch weglassen).

Schlechtwetter Im Puls 5 in den Fitnesspark mit Sauna und Schwimmbad, auf dem Nachhauseweg beim Museum für Gestaltung und/oder beim Landesmuseum anhalten oder weitere Museen im Stadtzentrum besuchen, z. B. focusTerra (Erdwissenschaften der ETH), Kunsthaus u. a.

Glas und Bahncontainer: Diese beiden Türme prägen das Gesicht von Zürich-West.

Zugegeben, wer nie auf der Quaibrücke gestanden ist und limmatabwärts sowie über den See auf die Berge geschaut hat, kennt Zürich nicht richtig. Doch wer diesen Punkt schon absolviert hat, sollte sich einmal Zeit für ein Wochenende im Westen der Stadt nehmen, im ehemaligen Industriequartier. Nicht nur, weil es trendig ist: Der Stadtteil bietet heute genug Sehenswürdigkeiten, Kultur und Unterhaltung für mehr als zwei Tage. Und vor allem in der Vorweihnachtszeit, wenn die Innenstadt komplett verstopft und auf der Bahnhofstrasse kein Vorwärtskommen mehr möglich ist, herrscht hier noch Platz und Luft und eine erfrischend unweihnächtliche Atmosphäre.

Das Tram Nummer 4 bildet die Verbindung von der Quaibrücke in den Westen der Stadt und führt wie kein anderes öffentliches Verkehrsmittel die verschiedenen Gesichter der Stadt vor Augen: Vom Stadtrand in Tiefenbrunnen, hinter dem die Nobelvororte mit den grossen Villen liegen, fährt es durch das ehemalige Trend- und immer noch begehrte Wohnquartier, das Seefeld, über das Bellevue und zwischen den beiden Teilen der Altstadt auf dem Limmatquai mit seinen prächtigen Zunfthäusern zum Hauptbahnhof, am Landesmuseum vorbei direkt ins Industriequartier und von dort bis an die äusserste Ecke der Stadt, nach Altstetten. Dabei passiert die 4 auch die beiden besten Unterkünfte in Zürichs Westen: das Fünfsternehaus Renaissance im markanten Mobimo-Tower, in dessen obersten Etagen millionenteure Luxusappartements liegen, und, weiter draussen, gegenüber der Migros-Zentrale, das erste 25hours-Hotel der Stadt, ein von Alfredo Häberli gestaltetes Designhotel.

Theater und Strassenmalerei:
Die Kunst hat einen festen Platz im Quartier.

Ein viel beachteter Turm:
Das noble Hotel Renaissance liegt an bester Lage.

Im Mekka von Bars und Clubs

Das Renaissance bietet auf den unteren 14 Etagen des 20-stöckigen Turms Fünfsternekomfort und einen tollen Ausblick auf die Neubauten und den Prime Tower, das höchste Gebäude der Schweiz, zu sehr günstigen Wochenendpreisen. Es wurde 2010 eröffnet, noch bevor all die Büro- und Wohnsiedlungen rundherum hochgezogen wurden, und stand lange als nobler Zufluchtsort inmitten einer Grossbaustelle. Vor allem aber steht es mitten im Geschehen. Keine fünf Minuten zu Fuss zwischen den Hochhäusern hindurch sind es zum Bahnhof Hardbrücke, zu den angesagten Clubs an der Geroldstrasse und zum Schiffbau des Schauspielhauses mit dem noblen Restaurant LaSalle und dem Jazzclub Moods. Das Haus selber bietet neben luxuriösen Zimmern drei Restaurants und Bars, und im 15. Stock liegen Sauna, Dampfbad und der Fitnessraum mit der besten Aussicht der Stadt.

Das 25hours wurde im November 2012 eröffnet und besticht durch ein kunterbuntes Innenleben im Stil einer Nobel-WG: Die Lobby wie auch die Bar und das Restaurant sind Wohnstuben mit einem frechen Mix aus Sesseln und Hockern. Das ganze Haus trägt die Handschrift des Zürcher Designers Alfredo Häberli, der nicht nur viele seiner bekannten Produkte hier eingebracht, sondern auch neue Einrichtungsgegenstände auf das Haus massgeschneidert hat. Zusammen mit dem Architektenteam Aeberli Vega Zanghi und der Grafik-Designerin Stefanie Häberli-Bachmann hat er ein Interieur geschaffen, in dem man sich eher wie in einem privaten Haus fühlt als wie in einem Hotel. «Almost home» ist denn auch ein Motto des Hauses.

Design mit Farbe: Das Hotel 25hours ist von Alfredo Häberli gestaltet worden.

Die meisten Zimmer sind klein, leuchtend bunt und mit Extras versehen wie einem grossen Fenster vom Bad ins Zimmer und einer iPod-Docking-Station. Dazu gibt's ein paar grössere Zimmer mit Balkon sowie Familienzimmer mit Kajütenbetten. Und im 15. Stock liegt zwar kein Fitnesscenter, aber eine Sauna mit Ausblick – die ist allerdings kostenpflichtig.

Einen ersten Überblick über das Stadtviertel verschafft man sich bei einem ortskundigen Gastgeber an der Hotelbar oder hoch oben im Prime Tower in der Clouds-Lounge. Dann gibt es diverse Möglichkeiten, ein angesagtes Restaurant kennenzulernen. Eine Institution ist das Les Halles an der Pfingstweidstrasse. Die garagenähnliche Halle mit alten Leuchtreklamen, Postern und Wimpeln sowie altem Mobiliar auf nacktem Boden ist nicht nur wegen ihrer Atmosphäre sehr beliebt. Hier gibt's sehr gute Moules mit Frites zu einem fairen Preis.

Nach 23 Uhr beginnt das Clubleben. Nur der Helsinkiklub, das Musiklokal mit experimentellem Popsound, öffnet früher. Er ist sehr beliebt, ebenso wie das Hive, der Bienenstock direkt an den Gleisen. Wer über 25 Jahre alt ist, muss allerdings damit umgehen können, zu den Alten zu gehören. Abgesehen vom Helsinkiklub richtet sich das Angebot in Zürichs Westen nämlich in erster Linie an ein junges bis sehr junges Publikum. Wer sich da nicht wohlfühlt, macht besser einen Abstecher in die Innenstadt zum Amber Club am

Hauptbahnhof, zum Club Hiltl an der Sihlstrasse oder an die Langstrasse zum Gonzo.

Alt und neu, trashig und stylish

Die Shoppingmöglichkeiten sind gut in Zürich-West, die Läden öffnen aber später als in der Innenstadt. Bleibt also noch Zeit für eine Fahrt mit dem Tram quer durch die Stadt bis zur Haltestelle Schiffbau. Von dort geht's Richtung Viadukt zunächst am Bogen 33 und dem Freitag-Shop vorbei – beides alte Platzhirsche. Der erste, ein Vintage-Möbelladen, stammt noch aus der Zeit, als unter den Gleisen illegale Partys gefeiert wurden und kleine Kultur-Biotope gediehen. Inzwischen befindet sich der Secondhandladen zwar nicht mehr unter den Bögen, er ist dafür umso grösser. Das riesige Sortiment wird auch online angeboten und das Publikum ist so versessen auf Designmöbel mit Patina, dass es bereit ist, mehr zu bezahlen als für ein fabrikneues Stück.

Das erste Hochhaus des Quartiers

Die Gebrüder Freitag, die die Taschen aus Lastwagenplanen erfunden haben, haben mit dem markanten Turm aus sieben aufeinandergestapelten Bahncontainern das erste «Hochhaus» mit Aussichtsplattform des Quartiers

Nächtliche Szenen: Das ehemalige Industriequartier ist ein Hotspot des Zürcher Nachtlebens.

Flaniermeile: Der Freitag-Shop bildet den Auftakt zum Einkaufsbummel im Viadukt.

geschaffen. Heute bildet der Turm den schönsten Kontrast zum gläsernen Prime Tower dahinter und der Laden darin ist sicher der originellste Flagshipstore weit und breit.

Und dann, hinter den Clubs Supermarket und Hive, das Viadukt. Über 50 Läden sind unter den Bögen einquartiert, und zwar fast ausschliesslich Unikate und keine Filialen von Ladenketten. Das macht das Shopping hier so spannend, das Preisniveau ist allerdings entsprechend hoch.

Die Josefstrasse lohnt einen Besuch, vor allem der Teil nahe dem Hauptbahnhof. Hier geht's rund um die Welt: Vom mexikanischen Spezialitätenladen über den thailändischen oder japanischen Imbiss bis zum indischen Supermarkt ist alles zu finden. Einheimische Designermode ist hier und an der benachbarten Konradstrasse zu Hause sowie die Boutique Einzigart mit Wohn-, Spiel- und Küchenaccessoires junger Designer. Da wird man auch ohne etwas zu suchen immer fündig.

Sehenswert von aussen und innen

Und dann die Kunst: Das Museum für Gestaltung zeigt die enorme Fülle des Schweizer Designs und hat auch selber eine sehr sehenswerte Gestalt – das Gebäude aus den 1930er-Jahren ist ein Beispiel für Neues Bauen. Etwas weiter draussen befindet sich in der ehemaligen Brauerei Löwenbräu das Migros Museum für Gegenwartskunst. Das komplett erneuerte und im November 2012 wiedereröffnete Gebäude besticht aussen durch die monumentale Backsteinfassade und innen durch riesige Räumlichkeiten. Auf drei Etagen sind ausserdem die Kunsthalle und weitere renommierte Galerien für

Genuss in Variationen: in der Markthalle und im Einzigart an der Josefstrasse.

zeitgenössische Kunst einquartiert und bieten zusammen mit den Museumsschauen eine einzigartige Palette an Entdeckungen, ebenso wie ein sehr gut bestückter Buchladen im Eingangsbereich.

Die Kunst hat viel zur Entwicklung des Stadtviertels Zürich-West beigetragen: Der Schiffbau, eine Aussenstelle des Schauspielhauses am Pfauen, bildete 2000 den ersten kulturellen Anziehungspunkt im industriellen Escher-Wyss-Gebiet. Drei Bühnen beherbergt er, dazu das elegante Restaurant LaSalle, die in einem Glaskubus hoch über der ehemaligen Industriehalle gelegene NietturmBar und den Jazzclub Moods, das grösste und vielfältigste Jazzlokal der Stadt. Über 300 Konzerte werden hier jedes Jahr gegeben, von Jazz über World Music, Funk, Soul und Pop bis zu Elektro. Am Wochenende finden nach den Konzerten Partys statt.

Unterhaltung rund um die Uhr

Party gibt's in Zürich-West die ganze Nacht. Wenn um 4 Uhr die Clubs schliessen, beginnt für die Nimmermüden etwa im Club Zürich an der Förrlibuckstrasse die Afterhour-Party. Ein bisschen Schlaf sollte man sich jedoch gönnen – und am Sonntag einen längeren Spaziergang die Limmat entlang vom Platzspitz aus zu den Bernoulli-Häusern oder umgekehrt unternehmen. An dieser Route liegen die wichtigsten Zeugen der Entwicklung von Zürich-West und einige bekannte Hotspots – die Flussbäder Oberer und Unterer Letten, der Letten- und der Wipkingerviadukt, das Escher-Wyss-Areal, der Hardturm und die Siedlung Limmat-West sowie schliesslich die berühmten Reihenhäuser von Hans Bernoulli nach dem Vorbild englischer Gartenstädte.

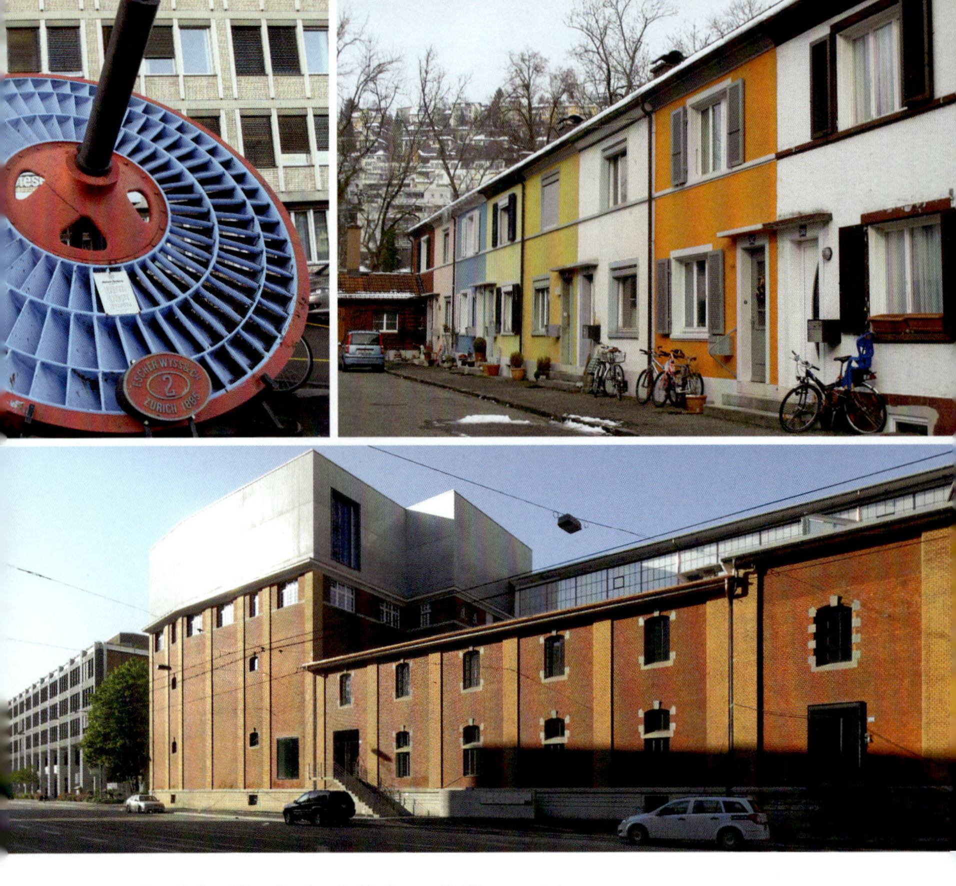

Das Escher-Wyss-Denkmal, die Bernoulli-Häuser und das Löwenbräu-Areal repräsentieren die Geschichte des Quartiers.

Die Route ist Teil des Programms «Züri z'Fuess», das mit dem Gratis-App «ZüriPlan» auf das Mobiltelefon geladen werden kann. So hat man nicht nur den Stadtplan, sondern auch die Kommentare zu den Sehenswürdigkeiten immer bei sich. Wem die fünf Kilometer zu Fuss zu anstrengend sind, kann sie auf dem Velo zurücklegen – mit einem Leihvelo von der Velostation Nord am Hauptbahnhof. Alle Treppen unterwegs haben Velorampen. Und velofahren ist in Zürich-West auch im Winter sehr trendy.

Was wo wie viel

Unterkunft **Renaissance Zürich Tower Hotel,** Turbinenstrasse 20, 8005 Zürich, T +41 44 630 30 30, www.renaissancezurichtower.ch, Doppelzimmer ab CHF 295, Last-Minute-Preise ab CHF 195 inkl. Frühstück.

25hours Hotel Zürich West, Pfingstweidstrasse 102, 8005 Zürich, T +41 44 577 25 25, zuerichwest@25hours-hotels.com, www.25hours-hotels.com, Doppelzimmer ab CHF 180 (ohne Frühstück).

Anreise Mit der Bahn bis Zürich-Hardbrücke und zu Fuss zum Renaissance Tower oder mit der Tramlinie 4 bis Haltestelle Toni-Areal.

Essen/Trinken **Les Halles,** Pfingstweidstrasse 6, 8005 Zürich, T +41 44 273 11 25, www.les-halles.ch, offen So–Mi 11–24, Do 11–1, Fr–Sa 11–2 Uhr.

LaSalle, Schiffbaustrasse 4, 8005 Zürich, T +41 44 258 70 71, info@lasalle-restaurant.ch, www.lasalle-restaurant.ch, offen Mo–Di 11–24, Mi–Do 11–1, Fr 11–2, Sa 17–2, So 17–24 Uhr.

NietturmBar, Schiffbaustrasse 4, 8005 Zürich, T +41 44 258 70 77, kontakt@nietturm.ch, www.nietturm.ch, offen Di–Do 17–1, Fr–Sa 17–2 Uhr.

Clouds-Lounge, Maagplatz 5, 8005 Zürich, T +41 44 404 30 00, www.clouds.ch, offen Di–Do 16–24, Fr–Sa 16–2 Uhr.

Ausgehen **Hive,** Geroldstrasse 5, 8005 Zürich, T +41 44 271 12 10, info@hiveclub.ch, www.hiveclub.ch, offen ab 23 Uhr.

Helsinkiklub, Geroldstrasse 35, 8005 Zürich, ahoi@helsinkiklub.ch, www.helsinkiklub.ch, offen ab 20 Uhr.

Jazzclub Moods im Schiffbau, Schiffbaustrasse 6, 8005 Zürich, T +41 44 276 80 00, info@moods.ch, www.moods.ch.

Museen **Migros Museum für Gegenwartskunst,** Limmatstrasse 270, 8005 Zürich, T +41 44 277 20 50, info@migrosmuseum.ch, www.migrosmuseum.ch, offen Di–Fr 11–18, Do bis 20 Uhr, Sa–So 10–17 Uhr, Eintritt CHF 12, Kinder bis 16 Jahre gratis.

Museum für Gestaltung, Ausstellungsstrasse 60, 8005 Zürich, T +41 43 446 67 67, welcome@museum-gestaltung.ch, www.museum-gestaltung.ch, offen Di–So 10–17, Mi bis 20 Uhr, Eintritt Einzelausstellung CHF 9, ermässigt CHF 6.

Herumkommen **Leihvelos Velostation Nord,** Museumsstrasse 2, 8001 Zürich (gegenüber Gleis 18 am HB), T +41 43 288 34 45, velostation-nord@zuerirollt.ch, www.velostation.ch, offen 8–23 Uhr, Tageskarte CHF 1.

Züri z'Fuess, Pläne und Broschüren zum Herunterladen unter www.stadt-zuerich.ch/content/ted/de/index/stadtverkehr2025/zu-fuss.html, als App im App-Store.

Wellness **Migros Fitnesspark Puls 5,** Giessereistrasse 18, 8005 Zürich, T +41 44 279 10 00, www.fitnesspark.ch/puls5, offen Mo–Fr 8–22, Sa–So 9–20 Uhr, Einzeleintritt CHF 35 inkl. einer Kurslektion.

Tipp 9

Braunwald

Für Gourmets und Geniesser

Unterkunft Chalet Hotel Ahorn, mit Chalets für maximale Privatsphäre mitsamt privater Sauna und dem besten Gourmetrestaurant weit und breit.

Anreise Mit der Bahn bis Linthal, mit der Braunwaldbahn nach Braunwald und mit dem Elektrotaxi zum Hotel am Dorfrand (auf Anmeldung beim Hotel gratis).

Ankunft Apéro in der Bar, im Weinkeller oder im eigenen Chalet, Abendessen im Hotel oder Abendschlitteln am Grotzenbüel.

1. Tag

Wanderung auf dem Panoramaweg über Grotzenbüel und Kneu- und Seblengrat auf den Gumen. Über Ortstockhaus und Grotzenbüel zurück (4 Stunden). Imbiss auf dem Gumen. Saunabesuch im Chalet, Genuss des Samstags-Schlemmermenüs im Hotel.

Langschläfer Wanderung auf den Grotzenbüel und über das Dorf zurück.

Schlechtwetter Das eigene Chalet geniessen mit seinem Wohnzimmer, den Spielen und natürlich der Sauna.

2. Tag

Zweistündige Schneeschuhtour, anschliessend mit dem Pferdeschlitten nach Nussbüel und zu Fuss zurück oder umgekehrt, Imbiss in Nussbüel.

Langschläfer Nur Pferdeschlittenfahrt und Wanderung.

Schlechtwetter Nochmals das Chalet geniessen.

Kulturgut von Braunwald: Die Pferdekutsche lädt im autofreien Ort zur genüsslichen Fahrt ein.

**Schnee, so weit das Auge reicht:
Der Winter ist prächtig hier.**

Das Panorama entspricht einer überdimensionierten Schützenfest-Flagge: Oben ein blauer Balken, unten ein weisser. Die Rekordmenge an Schnee verdeckt die Aussicht komplett – auch auf dem Panoramaweg, der hoch hinaus auf den Gumen führt. Das hat aber auch einen Vorteil: Die Chalet-Gäste können sich nach dem Schwitzen in der Privatsauna auf dem Sitzplatz abkühlen, ohne von den Nachbarn gesehen zu werden, so hoch sind die Schneewälle rund um den gepflügten eigenen Sonnenplatz.

Das Hotel Ahorn im oberen Teil des Glarner Ferienorts bietet nicht nur ein Höchstmass an Privatsphäre, sondern auch ein Maximum an Luxus. Vier zweistöckige Chalets stehen zur Verfügung, alle haben zwei Schlafzimmer mit je einem eigenem Badezimmer, einen Wohnbereich, eine Küche und eben eine private Sauna – ein Paradies für ein Wochenende zu viert unter Freunden. Kochen sollte man aber nicht selber. Denn der Gastgeber Beat Schittenhelm ist in erster Linie Koch – und das Restaurant im Ahorn ist «the place to be», der angesagteste Ort und ein Novum in Braunwald. Der autofreie Ferienort war bislang nicht bekannt für Luxus oder Sterneküche, sondern für seine Familienfreundlichkeit und sein attraktives Angebot auch für Leute, die nicht dem Schneesport frönen. Und doch scheint es, als hätten alle auf den Gourmettempel gewartet. Kaum hatte der Chefkoch sein neues Reich im Dezember 2011 eröffnet, wurde das Lokal geradezu überrannt. Das Team

Exklusive Privatsphäre:
Wohnzimmer der Chalets des Hotels Ahorn.

hatte vom ersten Tag an so viel zu tun, dass kaum Zeit blieb, die Chalets zu bewerben. Deshalb liessen sie sich zunächst auch für einzelne Übernachtungen buchen. Seit der Wintersaison 2012/13 sind die Schmuckstücke nur noch für mehrere Nächte zu mieten.

Viel Raum für den Vielgänger

Die Chalets sind, wie auch die beiden Suiten im Dachgeschoss des Haupthauses, mit feinsten Materialien und viel Liebe fürs Detail eingerichtet. Ein Specksteinofen steht im Wohnzimmer, dahinter ein bis unter die Decke gefülltes Regal mit Holzscheiten. Neben dem Flachbildschirm-Fernseher liegen Gesellschaftsspiele bereit, in der Küche ein paar Früchte und Häppchen. Ohne Probleme könnte man hier erst einmal Stunden verweilen. Doch am stilvollsten lässt sich das Wochenende im Weinkeller des Hauses einläuten. Dort lagern in einfachen Holzharassen feinste Tropfen aus aller Welt. Dann geht's zum Abendessen. Zum Glück darf man zweimal hier essen. So lassen sich sowohl ein À-la-carte-Menü als auch das sechsgängige Gourmetmenü testen. Eine Auberginen-Zucchetti-Terrine mit geräucherten Lachsstreifen und Basilikumsauce macht den Anfang: phänomenal. Ebenso wie das Topinambur-Rahmsüppchen, die Brasato-Ravioli und die Pouletbrust mit Chorizo. Dazu gibt es zu jedem Gang einen passenden Wein im Offenausschank.

Die Tische im grosszügig gestalteten Restaurant füllen sich schnell. Ein paar spontan eintretende Gäste werden mit mitleidigen Blicken bedacht: Ohne Reservierung geht hier gar nichts. Die Küche und das Servicepersonal sind arg gefordert, denn fast alle Gäste kommen gleichzeitig. Und doch ist

Wintervergnügen à la carte:
die Sonnenterrasse des Hotels Ahorn und die Eisgalerie.

der Service perfekt. Niemand wartet über Gebühr. Alle Speisen am Tisch werden zur selben Zeit serviert, egal, um welches Menü es sich handelt. Dass die Köche das in der eher klein bemessenen Küche schaffen, ist ein Wunder.

Auf knirschenden Pfaden zur Eisgalerie

Gefrühstückt wird im Bademantel: In einem Korb wird hausgemachtes Brot, Marmelade und alles, was sich die Gäste vor dem Zubettgehen sonst noch gewünscht haben, ins Chalet geliefert. Am Küchentisch, auf dem Sitzplatz oder oben auf dem Balkon lässt es sich damit herrlich in den Tag starten.

Die Sonne steht schon hoch, doch der Schnee knirscht trocken unter den Füssen. Direkt vor dem Haus beginnt ein ausgeschilderter Winterwanderweg, der in einer grossen Kehre zur Bergstation Grotzenbüel hinaufführt. Dies ist der Ausgangspunkt für die Panoramawanderung, auf der man in drei Stunden über Seblengrat und Gumen die schönste Winterlandschaft des Glarnerlands erleben kann. Höhepunkt der Tour ist die Eisgalerie. Sie zieht nicht nur Wanderer an. Auch Skifahrer machen dafür einen Abstecher. Fast muss man sich den Platz erkämpfen, um von den schönen Eisformationen ein paar Bilder zu machen.

Erste Sesselbahn der Schweiz

Das Berggasthaus Gumen ist ein Bergrestaurant wie aus dem Bilderbuch. Vor dem schlichten Holzbau liegt eine riesige Terrasse mit roten Tischen, es gibt Schnipo und was man sich auf 1900 Metern sonst so wünscht. Die Gumenbahn ist eine ungewöhnliche Mischung aus Sessel- und Gondelbahn und führt hinunter nach Burstberg. 1948 wurde hier die erste Sesselbahn der Schweiz errichtet. Die parallel zum Hang befestigten Sessel, wie sie zur Bauzeit üblich waren, verliehen der Bahn über Jahrzehnte einen aussergewöhnlichen nostalgischen Charme. 2005 lief die Konzession dafür ab, die Bahn wurde abgebrochen und zwei Jahre später durch den heutigen Bau ersetzt.

Der Panoramaweg führt vom Gumen zum Berggasthaus Ortstockhaus. Nach einer grossen Kehre geht es wieder hinunter nach Grotzenbüel. Vom Schwettiberg bis zum Grotzenbüel ist der Wanderweg auch Schlittelpiste, über weite Strecken ist er mehrere Meter breit und zieht sich wie eine Autobahn in Weiss durch die Landschaft. Ansonsten ist der winterliche Verkehr in Braunwald aber strikt getrennt: Wanderer haben ihre Wege, Langläufer ihre Loipen, Schneeschuhwanderer ihre Pfade, Skifahrer ihre Pisten, Snowboarder ihre Cross-Piste. Und dann gibt's da noch die Spazierwege – das sind die Strassen im autofreien Ort, auf denen die Pferdekutschen und die Elektromobile verkehren.

Freiluftbühne für alle

Da, wo sich die verschiedenen Trassees kreuzen, mutet die Szenerie manchmal wie ein choreografiertes Freilufttheater an. Da sitzen die fleissigen Snowboarder in Reih und Glied am Hang. Daneben sonnen sich ein paar weniger Fleissige in Liegestühlen – mit fast ebenso wenig Textil auf der Haut wie am Mittelmeerstrand – und lassen sich vom wummernden Sound das Zwerchfell massieren. Nur wenige Meter weiter essen Familien mit kleinen Kindern auf der Restaurant-Terrasse zu Volksmusik ihre Würste. Und oben

Die Region ist mit Winterwanderwegen und Sesselbahnen sehr gut erschlossen.

Im Dorf geht's mit Schlitten am schnellsten, weiter oben mit Skiern und Snowboards.

beim Skischulsammelplatz gibt's Drama: Das Mädchen, das auf den Skiern keinen Schritt weiter machen mag, der kleine Junge, der partout nicht auf dem Schlitten sitzen will – auch sie gehören zu einem sonnigen Wintertag.

Spätestens in dieser Umgebung fragen sich sportliche Winterwanderer, ob sie nicht doch noch einen Tag auf Brettern verbringen möchten. Die Gelegenheit wäre gut, eines der berühmten Kessler-Boards auszuprobieren. Hansjürg Kessler gehört das ansässige Sportgeschäft. Schon 1988, vier Jahre nach der Einführung des neuen Schneesportgeräts in Europa, baute er sein erstes Snowboard. In den 1990er-Jahren gewann Stefan Koch mit einem Kessler-Board an einer Weltmeisterschaft die Bronzemedaille. Als Philipp Schoch 2002 in Salt Lake City an den olympischen Spielen auf Kessler die Goldmedaille gewann, wurden auch andere auf die Firma aufmerksam. Inzwischen jagt ein Sieg auf Kessler den nächsten. Im Sportgeschäft oberhalb der Bergstation der Braunwaldbahn werden aber auch Kessler-Skis vermietet.

Wer dieser sportlichen Versuchung widerstehen kann, nimmt am nächsten Tag den Weg nach Nussbüel unter die Füsse. Zumeist durch den Wald geht es fast geradeaus, die eindrücklichen Eisformationen der Bergbäche säumen den Weg. Zurück – oder hin – kann man sich mit der Pferdekutsche fahren lassen.

Schneeschuhtouren werden ebenfalls angeboten. Zwei- oder vierstündige geführte Rundtouren führen in die gemächliche Gangart abseits der Pisten ein. Nur eines wäre noch genussvoller: auf der Sonnenterrasse des Hotels Ahorn zu sitzen, ein Gourmethäppchen zu sich zu nehmen und einfach nichts zu tun.

Markante Zacken:
die Eggstöcke über dem Gumen.

Was wo wie viel

Unterkunft Chalet Hotel Ahorn, Ahornweg 2, 8784 Braunwald, T +41 55 653 50 50, info@ahorn-braunwald.ch, www.ahorn-braunwald.ch, vier doppelstöckige Chalets mit je zwei Doppelzimmern mit eigenem Badezimmer, Wohnzimmer, Specksteinofen sowie Küchennische, ausserdem zwei Suiten, alle mit privater Sauna, Preis auf Anfrage (2012: CHF 750).

Falls ausgebucht:
Märchenhotel Bellevue, Dorfstrasse 24, 8784 Braunwald, T +41 55 653 71 71, info@maerchenhotel.ch, www.maerchenhotel.ch, stylische Loftsuiten mit Rundbett, freistehender Badewanne und Wintergarten (CHF 590, nur in der Nebensaison für nur zwei Nächte buchbar).

Anreise Mit der Bahn bis Linthal, mit der Braunwaldbahn nach Braunwald und mit dem Elektrotaxi zum Hotel am Dorfrand (auf Anmeldung beim Hotel gratis).

Schneesport Kessler Sport, Dorfstrasse 7, 8784 Braunwald, T +41 55 632 22 22, kesslersport@bluewin.ch, www.kesslersport.ch, Mo–Fr 8.15–12.15 und 13.15–18.15 Uhr, Sa bis 17 Uhr, So 9–12 und 15.30–17 Uhr, Ski- und Snowboard-Miete ab CHF 30.

Schneeschuhtouren Schneesportschule Braunwald, T +41 79 215 21 35, www.skischule-braunwald.ch, 2-Stunden-Tour für bis zu 3 Personen CHF 120, jede weitere Person CHF 20, 4-Stunden-Tour CHF 200. Miete Ausrüstung CHF 15.

Winterwandern Die Broschüre «Wandern in Weiss» mit Routenplan ist im Verkehrsbüro an der Bergstation der Braunwaldbahn erhältlich: Braunwald-Klausenpass Tourismus AG, 8784 Braunwald, T +41 55 653 65 65, info@braunwald.ch, www.braunwald.ch.

Pferdeschlitten Die Pferdekutschen stehen an der Bergstation der Braunwaldbahn bereit. An Wochenenden ist eine Reservierung empfehlenswert: Schuler Transport, T +41 55 643 11 34 oder T +41 79 580 50 00, Schumacher Transport, T +41 55 643 32 35 oder T +41 79 215 23 38. 30 Minuten CHF 40, 1 Stunde CHF 70, 90 Minuten CHF 100.

Tipp 10

Toggenburg
Klangerlebnisse

Unterkunft Hotel Sternen in Unterwasser, ein Dreisternehaus mit modernen, 2009 renovierten Zimmern verschiedener Kategorien, gemütlichem Restaurant mit traditioneller Küche mit Produkten aus der Region, Gourmet-Stübli, Schwingerbeiz sowie einer Sauna und einer kleinen Wellnessanlage mit Klangrelax-Liege.

Anreise Mit der Bahn bis Buchs oder Wattwil, mit dem Bus weiter über Nesslau oder Wildhaus nach Unterwasser.

Ankunft Apéro auf der Terrasse, Käsefondue oder Tatarenhut in der Schwingerstube.

1. Tag

Fahrt mit der ersten Bahn nach Iltios, Wanderung entlang dem Klangweg bis nach Oberdorf (2 Stunden), Fahrt nach Wildhaus und Busfahrt oder Spaziergang (40 Minuten) zurück nach Unterwasser. Mittagessen im Sternen, Velofahrt zur Klangschmiede, Führung. Benutzung der Klangrelax-Liege (CHF 25 pro 45 Minuten) vor dem Abendessen in der Arvenstube.

Langschläfer Fahrt nach Iltios und Besichtigung der Klangkörper rund um die Alp, Rückfahrt auf demselben Weg und Nachmittagsprogramm wie oben.

Schlechtwetter Ausgiebiger Besuch der Klangschmiede, Spaziergang zu den Thurfällen im Dorf.

2. Tag

Sonnenaufgangsfahrt auf den Chäserrugg, Wanderung zur Mittelstation hinunter und Rückkehr nach Unterwasser per Bahn. Nachmittagsbummel per Velo durch Unterwasser, Alt St. Johann und Nesslau.

Langschläfer Bergfahrt auf den Chäserrugg und Rundgang auf dem Bergblumenweg, Rückfahrt ab Chäserrugg, Nachmittag wie oben.

Schlechtwetter Genuss in der Sauna des Hotels, frühe Abreise und Besichtigung der Stiftsbibliothek St. Gallen oder des Schlosses Rapperswil.

Prächtige Bergrücken: Die Churfirsten laden zum Wandern und Geniessen ein.

Ländliche Idylle: Entlang dem Klangweg grüsst von Ferne stets der Säntis.

Ein Blick auf die Karte oder die Wegweiser ist nicht nötig: Schon von weitem sind auf dem gut ausgeschilderten Wanderweg oberhalb der Alp Iltios die nächsten Stationen des Erlebnispfads zu hören: Trommelwirbel, Saitenklänge, Kuhglocken. Der Klangweg ist ein Publikumsmagnet. An schönen Sommerwochenenden zieht eine nicht abreissende Schlange von Wanderfamilien mit Kind und Kegel auf dem Panoramaweg zwischen Sellamatt oberhalb von Alt St. Johann und Oberdorf bei Wildhaus in die eine oder andere Richtung. Und wer glaubt, dem grössten Rummel zu entkommen, indem er die kinderwagengängige Wegstrecke von Sellamatt bis Iltios ob Unterwasser auslässt, sieht sich getäuscht: Moderne Mütter und Väter nehmen auch anstrengende Steilpassagen und Holperwege in Kauf, um ihren Sprösslingen das Klangspiel in seiner ganzen Breite zu bieten.

Der Klangweg ist manchmal das Opfer seines eigenen Erfolgs. Und doch ist er unbedingt sehenswert. Es lohnt sich, früh aufzustehen und den Berg hochzufahren, bevor sich der Parkplatz an der Talstation füllt. Optimal gelegen und für einen Wochenendaufenthalt auch sonst ideal ist das Hotel Sternen in Unterwasser. Der markante rote Giebelbau steht nur wenige Gehminuten von der Talstation entfernt im Dorf. Das Dreisternehaus bietet hinter der traditionellen Fassade moderne und komfortable Zimmer und im Dachstock gibt's ein heimelig eingerichtetes Appartement mit Giebeldecke.

Beste Ausgangslage: Das gastfreundliche Hotel Sternen bietet komfortable Zimmer.

Strategisch gut gelegene Basis

Drei Restaurants hat das Haus, die Arvenstube, die Schwingerstube und die Toggenburgerstube. Bekannt ist es für die letztere. Hierher kommen auch Auswärtige zum gemütlichen Familienessen, und auf die Terrasse setzen sich Passanten allein schon deswegen zu einem Zwischenhalt, weil sie so einladend aussieht. Einladend ist auch der Empfang im Hotel. Die Réceptionistin lacht die ankommenden Gäste fröhlich an und meint dann mit einem Blick auf eine Gruppe junger Spanisch sprechender Menschen mit viel Handgepäck fast entschuldigend: «Die sind vom Film, sie drehen hier in der Nähe.»

Die Crew dreht den Kinofilm «2 Francos 40 pesetas». Eine junge Dame gibt bereitwillig auf Englisch Auskunft: Das sei die Fortsetzung von «Un franco 14 pesetas» und schreibt uns beide Titel gleich auf ein Notizblatt. Regisseur ist Carlos Iglesias. Im Frühling 2013, so meint sie, würde der Film in die Kinos kommen. Der erste Film lief 2006 in 45 Ländern. Die Geschichte von zwei spanischen Gastarbeitern in der Ostschweiz war ursprünglich als fünfteilige TV-Serie geplant, wurde dann aber zu einem Kinohit, der an den Filmfestivals von Berlin, Montreal, Málaga, San Sebastián und Locarno Auszeichnungen gewann. Die Geschichte basiert auf wahren Begebenheiten – der Vater des Regisseurs war einer der beiden Auswanderer.

Klangmühle, Schellenbaum und Heulvelo

Das Toggenburg und das benachbarte Appenzell sind in beiden Filmen bestens in Szene gesetzt. Doch noch schöner ist die Realität. Wenn die erste Bahn um halb neun Richtung Iltios fährt, riecht es nach Bergmorgen. Der

Natürliche Klänge: Die Klangkörper auf dem Klangweg schärfen den Hörsinn.

Spielplatz vor der Bergstation ist leer. Die 160 Saiten in der Klangmühle versetzen die Bergruhe sanft in Schwingung, den Schellenbaum hundert Meter weiter möchte man gar nicht bewegen, zu laut wäre er momentan in diesem Idyll.

Das Heulvelo will jedoch ausprobiert sein. Damit lassen sich Naturtonreihen erzeugen, die dem Alphorn ähnlich sind. Je stärker man in die Pedale tritt, desto höher wird der Ton. Andere Stationen wiederum bringen den Wanderern Naturtöne näher: Auf dem Horchplatz hören die durch die Instrumente sensibilisierten Wanderer Töne, auf die man sonst gar nicht achtet, und an der Brunnenstubete horcht man mit Röhren ins Erdinnere und hört das Wasser fliessen. Am Klangschalenbaum werden die Klänge sichtbar: Wird er mit dem Hammer angeschlagen, nimmt das Wasser in den vier Schalen aus Chromnickelstahl die Schwingungen auf und formt damit Muster und Strukturen.

Klingendes für jeden Geschmack

Der Klangschalenbaum und das Heulvelo wurden 2011 nach einer umfassenden Renovierung des Wegs installiert. Das ist wohl einer der Gründe für den Erfolg des Klangwegs: Er wird gepflegt. Themenwege gibt es ja viele in der Schweiz – Mitte der 1990er-Jahre schossen Wander- und Spielrouten, die sich um einen Zwerg, eine Kinderbuchfigur oder ein anderes Fabelwesen drehten, wie Pilze aus dem Boden. Viele davon sind wieder verschwunden oder fristen mit verwitterten Wegweisern und kaputtem Spielzeug ein schäbiges Dasein. Die Macher des Klangwegs haben aber noch anderes richtig gemacht: Tonmühle, Singstein und Co. sprechen alle an, ob musikalisch oder nicht, ob alt oder jung. Die Klangkörper passen sich gut in die Landschaft ein und sind fast alle sehr stabil.

Vor allem aber ist der Klangweg kein Einzelprodukt, sondern Teil eines touristischen Angebotspakets der KlangWelt Toggenburg. Sie geht auf die Initiative des Künstlers Peter Roth zurück, der schon seit 25 Jahren mit urtümlichen Klängen experimentiert. Seit 2003 ist daraus ein Angebot entwickelt worden, das stetig wächst. In Alt St. Johann steht in der ehemaligen Mühle, die dem Kloster gehörte, die Klangschmiede. Dort werden nicht nur Schellen geschmiedet. Bei den regelmässigen Führungen werden die 200-jährige Toggenburger Hausorgel von Joseph Looser vorgeführt, das Experimentier-Monochord, Wasserklangbilder und mehr. Die Besucher können an Orgelpfeifen oder an einem Resonanzkasten mit Klängen experimentieren. Daneben werden regelmässig Ausstellungen und Singabende durchgeführt, ja, sogar Instrumentenbaukurse werden hier angeboten.

«Toggenburg klingt gut», heisst der Slogan der Tourismusorganisation. Am Klangfestival Naturstimmen in Alt St. Johann treffen sich seit 2007 jedes Jahr Chöre, A-cappella-Gruppen und Solisten aus aller Welt, um miteinander die Klänge aus verschiedenen Ländern und Kontinenten zu vereinen. Und auch das Hotel Sternen steuert etwas zur KlangWelt bei. In einer kleinen Wellnessanlage steht die Klangrelax-Liege, ein Wasserbett, auf dem fliessende Klang- und Wasserbewegungen Tiefenentspannung bieten. Und mit den Mietvelos, die im Sternen erhältlich sind, ist es nur ein Katzensprung zur Führung durch die Klangschmiede, die jeden Samstagnachmittag stattfindet.

Die Klangschmiede liegt in einer gut erhaltenen Mühle am Dorfrand.

Wem das frühe Aufstehen gut gelungen ist, der kann am Sonntag noch einen draufsetzen: Auf den Chäserrugg, den neudeutsch «Top of Toggenburg» genannten Berg vor der Haustür, gibt's in Juli und August Sonnenaufgangsfahrten. Ab 5 Uhr fährt die Bahn auf den Gipfel. Dort gibt's Frühstück und dann entweder eine Fitnesslektion oder eine Führung auf dem Bergblumenweg Rosenboden. Der rund drei Kilometer lange Rundweg informiert über die Alpenflora. Der Rosenboden auf halber Strecke bietet ein 360-Grad-Panorama. Vom Arlbergpass über die Liechtensteiner und Bündner Berge, Pizol und Piz Sardona, das Vrenelisgärtli, den Glärnisch und den Urirotstock geht es rundherum zu Mattstock, Speer und Schnebelhorn.

Regionale Köstlichkeiten

Vom Chäserrugg führt ein Wanderweg in weiten Kehren über das Berghaus Stöfeli hinunter nach Iltios. Auch wer für den Rückweg die Bergbahn nimmt, verdient dann ein feines Mittagessen im Sternen. Die Küche ist mit dem Culinarium-Zertifikat ausgezeichnet. Die Produkte stammen fast ausschliesslich aus der Region. So schmecken die Stockberger Käsesuppe und das Toggenburger Cordon bleu doppelt gut.

Es gäbe noch viel zu sehen. Rund um den Gamserrugg führt ein geologischer Rundweg. Auf der Seite des Säntismassivs liegen weitere schöne Routen wie der Panoramaweg Steinwald. Wer Ausdauer hat, kann von Unterwasser in fünf Stunden auf die Schwägalp wandern. Zurück fährt das Postauto.

Es lohnt sich aber auch ein Sonntagsbummel durch die Dörfer. An keinem anderen Tag ist das Toggenburg dem Postkartenbild ähnlicher. Denn als Sonntagsgewand wird auch heute noch mit Stolz die traditionelle rot-weisse Weste getragen. Fast ebenso omnipräsent ist im Tal ein bekanntes Gesicht: Simon Ammann. Der Skispringer, der in Unterwasser aufwuchs, ist zwischen Nesslau und Wildhaus alle paar hundert Meter auf einer Plakatwand oder an einer Hausfassade zu sehen, wobei die Bilder, die ihn als Olympiasieger mit schräger Sonnenbrille im Jahr 2010 zeigen, dominieren. Das Toggenburg ist immer noch stolz auf seinen Simi – zumal er in seine alte Heimat investiert: Er hat sich bei den Toggenburger Bergbahnen eingekauft und plant mit den Stararchitekten Jacques Herzog und Pierre de Meuron auf dem Chäserrugg ein neues Bergrestaurant. Doch drei andere Sportler machen ihm jetzt mit einem eigenen Lokal Konkurrenz: Die Schwingerstube im Sternen, die erste der Schweiz, ist den Toggenburger Schwingern Nöldi Forrer, Urban Götte und Daniel Bohl gewidmet.

Blütenpracht: Der Bergblumenweg Rosenboden ist ein bequemer Rundweg mit bester Aussicht.

Was wo wie viel

Unterkunft **Hotel Sternen,** Dorf, 9657 Unterwasser, T +41 71 998 62 62, info@sternen.biz, www.sternen.biz, Übernachtung ab CHF 95 pro Person inkl. Frühstück.

Anreise Mit der Bahn bis Buchs oder Wattwil, mit dem Bus weiter über Nesslau oder Wildhaus nach Unterwasser. Das Haus steht im Zentrum gut sichtbar von der Strasse hinter einer grossen Wiese.

Wandern / Bergbahnen **Toggenburg Bergbahnen AG,** 9657 Unterwasser, T +41 71 998 68 10, www.toggenburg-bergbahnen.ch. Die Standseilbahn Unterwasser–Iltios fährt täglich von 8.30–17 Uhr, die Anschlussbahn Iltios–Chäserrugg von 8.43–16.43 Uhr. Bis nach ganz oben kostet die Fahrt CHF 38 für Erwachsene und CHF 19 für Kinder. Sonnenaufgangsfahrt CHF 57 für Erwachsene, Kinder 13–16 Jahre CHF 44, Kinder 6–12 Jahre CHF 35.

Klangweg Für den Klangweg gibt es ein Klangweg-Billett für eine Bergfahrt und eine Talfahrt auf je einer der drei Bahnen von Wildhaus, Unterwasser und Alt St. Johann aus und für das Postauto zwischen Wildhaus und Alt St. Johann. Achtung: Bis 15 Uhr fährt es nur einmal pro Stunde.

Klangschmiede **KlangWelt Toggenburg,** Undermüli 241, 9656 Alt St. Johann, T +41 71 998 50 00, info@klangwelt.ch, www.klangwelt.ch, geöffnet Di–Fr 9–12 und 14–17 Uhr, Sa 9–12 und 13.30–17 Uhr, Sa um 14 Uhr Führung, 75 Minuten. Während dieser Zeit ist die Klangschmiede nur für Teilnehmer der Führung geöffnet. Eintritt CHF 5, Kinder bis 16 Jahre CHF 3, Führung CHF 15, Kinder bis 16 Jahre CHF 8.

Velomiete Velos können im Hotel reserviert werden und kommen von der nahe gelegenen Velo-Metzg. Mietpreis je nach Bike zwischen CHF 38 und CHF 60 pro Tag.

Allgemeine Informationen
Toggenburg Tourismus, Lisighaus, 9658 Wildhaus, T +41 71 999 99 11, kontakt@toggenburg.ch, www.toggenburg.ch.

Tipp 11

Bad Horn

Der weite Himmel

Unterkunft Bad Horn Hotel & Spa, ein Viersternehaus in nautischem Look direkt am Ufer des Bodensees. Gediegener Spa und hervorragende Küche. Privatdampfer für Sonderfahrten direkt ab dem Hotel.

Anreise Mit der Bahn bis Horn, Abholdienst durch das Hotel bis 18 Uhr (auf Anmeldung) oder zu Fuss (10 Minuten).

Ankunft Apéro in der Faro Bar oder Saunabesuch, Abendessen auf der Terrasse.

1. Tag

Radtour nach Arbon, Besichtigung der Altstadt und Besuch des Saurer-Museums, Imbiss auf der Terrasse des Hotels Wunderbar, Rückfahrt nach Horn und Schnupperkurs in Stand-up-Paddling, Spa-Besuch.

Langschläfer Ausflug nach Arbon wie oben.

Schlechtwetter Mit dem Bus nach Arbon ins Saurer-Museum, ausgiebiger Besuch des Smaragd Spa mit Behandlungen.

2. Tag

Mit Velo oder Bus nach Romanshorn, mit der Fähre nach Friedrichshafen und Besuch des Zeppelin-Museums, eventuell Stadtbummel in Friedrichshafen.

Langschläfer Besuch der Autobau Erlebniswelt in Romanshorn, Strandaufenthalt im Hotel oder im Seebad Rorschach.

Schlechtwetter Aufenthalt im Spa, frühzeitige Abreise und Besichtigung der Stiftsbibliothek St. Gallen.

Blick von der Terrasse des Hotels Bad Horn: Der Zeppelin fliegt direkt über das Haus.

**Die grosse Weite:
Der Bodensee wirkt fast wie ein Meer.**

Schon von sehr weit her ist er zu sehen, der Zeppelin. Einmal als weisser Punkt, einmal als grosse weisse Zigarre, schwebt er über der Weite des Bodensees. Am deutschen Ufer verschwindet er fast im Dunst, dann wieder fliegt er mit leisem Brummen und fast zum Greifen nah direkt über die Köpfe der Strandbadbesucher von Horn.

Die kleine thurgauische Enklave am sonst sanktgallischen Bodenseeufer ist ein ideales Reiseziel für ein entspanntes Wochenende am Dreiländermeer, wie der Bodensee auch genannt wird. Auf kleinem Raum gibt's hier viel zu entdecken und zu geniessen – immer mit der befreienden Aussicht auf die Weite des Bodensees, welche der allgegenwärtige Zeppelin zelebriert.

Genussmenschen steigen im Bad Horn ab. In diesem Viersternehaus, das sich selbst Nautikhotel nennt, ist alles auf den See ausgerichtet: die Zimmerfenster, die Hoteleinrichtung und auch der Spa. Die Faro Bar im obersten Stockwerk liefert die ideale Kulisse, um sich auf das Wochenende einzustimmen. Im Stil eines Leuchtturms gebaut, bietet sie einen Rundumblick auf das Wasser und hebt sich und ihre Gäste hoch über den Alltag ab. Für kulinarische Genüsse stehen drei Restaurants zur Auswahl, wobei den Halbpensionsgästen eine besonders schöne Ecke zur Verfügung steht: «Emily's Wave», tagsüber ein Wellness-Restaurant, verwandelt sich abends in ein intimes Nobellokal. Die Küche von Chef Christian Göbel ist vielseitig. Je nach Lokal kommen schweizerisch-mediterrane, französische, internationale oder eben Spa-Menüs auf den Tisch. Der Deutsche, der sich unter anderem im Adlon in Berlin, im Savoy in London und in Palm Beach in Florida die Sporen abverdient hat, zaubert mit seiner 25-köpfigen Crew täglich Gourmetträume auf die

Teller. Das Thunfischtatar, der pochierte Mahi Mahi im Bananenblatt und die Reisglace mit marinierten Mango und Ananas schmecken jedenfalls himmlisch.

Durch das Sauna-Fenster grüssen Fische

Im Seitentrakt des Hauses liegt der moderne Spa mit grossem Hallenbad und diversen Behandlungsräumen. Spektakulär ist die finnische Sauna. Sie ist in den See gebaut. Die Wellen schwappen direkt an die Bullaugen der Sauna. Auf Augenhöhe schwimmt ein Schwan auf die runden Fenster zu – eine spezielle Art von Peepshow. Wenn der Wasserspiegel des Sees steigt, versinken die Bullaugen im See und die Saunagäste können den Fischen zusehen. Vor dem Hallenbad führt ein Steg mit Treppe in den See, selbst im Winter kann man also ins kalte Nass abtauchen.

Von der Terrasse aus lässt sich ein trendiger Wassersportler verfolgen: Die Stand-up-Paddler haben vor dem Haus ihr Übungsrevier. Die Outrigger-Schule «fly the AMA» praktiziert auch den kurz SUP genannten Sport, bei dem man auf einem Surfbrett stehend über das Wasser paddelt. Was einfach und entspannt aussieht, braucht viel Balance und Koordination. Im Sommer führt der direkt neben dem Hotel gelegene Club an Wochenenden zweistündige Einführungskurse durch. Eine gute Gelegenheit, sich auf diese aus Hawaii stammende Sportart einzulassen.

Genuss am Wasser: Das Hotel Bad Horn liegt direkt am Ufer – die Sauna sogar unter Wasser – und bietet einen grossen Innenpool.

Trendiger Wassersport: In Horn gibt's Einführungskurse in Stand-up-Paddling.

Von der Stickmaschine zum Armeefahrzeug

Ein Ausflug nach Arbon bietet sich an, am besten mit dem hoteleigenen Flyer. Die Radwege am Bodensee sind legendär. Theoretisch liesse sich der ganze See umrunden. Doch am Wochenende sollte man es gemütlicher angehen. Fünf Kilometer sind es bis in das kleine Städtchen mit dem markanten Schloss. Die Altstadt ist sehenswert, vor allem aber lässt es sich an der breiten und lang gezogenen Seepromenade herrlich verweilen. Das Hotel Wunderbar bietet eine grosse Terrasse und verschiedenste Snacks, Säfte und Kaffees. Das originelle Haus ist aus der einstigen Kantine der Saurer-Fabrik entstanden und mit seinen einfachen, aber zweckmässigen und modernen Zimmern und der grossen Gaststube vor allem bei Familien mit Kindern sehr beliebt.

An der Theke oder an der winzigen Réception löst man eine Eintrittskarte ins benachbarte Museum, das den vergangenen Ruhm der Firma Saurer aufleben lässt. Saurer war bis in die 1980er-Jahre der bedeutendste Arbeitgeber der Stadt. Die meisten kennen das Unternehmen dank der Lastwagen, doch seinen Ursprung hatte es in der Fabrikation von Stick- und Webmaschinen. Dahin ist es Ende der 80er-Jahre auch zurückgekehrt, es fabriziert seither nur noch Stickmaschinen, hält damit nach eigenen Angaben aber einen Marktanteil von fast 40 Prozent. 2006 übernahm die OC Oerlikon den Betrieb und

Busse, Lastwagen und Stickmaschinen: im Saurer-Museum in Arbon.

verkaufte ihn im Dezember 2012 weiter an die chinesische Firma Jinsheng, welche seither den Traditionsnamen Saurer wieder aufleben lässt.

Das Museum zeigt die ganze Entwicklungsgeschichte anhand der entsprechenden Geräte und Fahrzeuge und stellt sie geschickt in den grösseren Zusammenhang des Weltgeschehens. Die Informationen über wichtige Neuerungen sind mit Informationen über die Erfindung des Teddybären, des Gartenzwergs und der Nylonstrümpfe oder mit wissenschaftlichen Erkenntnissen wie der Entzifferung der DNA verknüpft. So beschert die Ausstellung auch denjenigen Besuchern neue Einsichten, die sich weniger für schwere Nutzfahrzeuge, Postautos und Militärfahrzeuge interessieren. Als Souvenir liegen im Museum gewobene Handtücher bereit.

Acht Kilometer weiter liegt der Hafen Romanshorn, von wo die Autofähre jede Stunde hinüber nach Friedrichshafen fährt. Wenn nicht diese Fahrt, so doch eine andere auf dem See gehört zu einem Wochenende in der Region. Selbst bei klarem Föhnwetter, wenn sich die Häuser am anderen Ufer einzeln zählen lassen, spürt man an Bord eines Schiffs die Weite des Meers.

Auf dem Hafengelände von Friedrichshafen steht das Zeppelin-Museum. Das 1996 eröffnete ehemalige Bahnhofsgebäude beherbergt die weltgrösste Sammlung rund um die Luftschifffahrt, aber auch eine bedeutende Kunstsammlung. Seit 2010 werden die Ausstellungen etappenweise umgestaltet und modernisiert. So sind jetzt im Teilnachbau des Luxusliners Hindenburg auch Blicke hinter die Kulissen möglich. Die Besucher tauchen gänzlich ein in die glamouröse Zeit der Zeppeline in den 1930er-Jahren und lernen hautnah die Transatlantikreise und die Arbeitsplätze der Mannschaft kennen.

Wer Weekendausflüge gerne gross anrichtet, kann von hier aus auch selber einen Zeppelinflug unternehmen. Nicht weniger als elf Routen stehen den Passagieren offen. Eine vorherige Reservierung ist unumgänglich – und die Preise sind nicht ganz ohne. Die einstündige Fahrt über das Schweizer Ufer etwa kostet knapp 400 Euro pro Person.

Nicht verpassen sollte man dagegen eine Fahrt mit der M.Y. Emily. Der hoteleigene Nostalgiedampfer liegt fotogen im Yachthafen des Bad Horn und wird auch am Pier liegend für Gruppen und private Anlässe genutzt. Durchschnittlich alle zwei bis drei Tage läuft er auf Sonderfahrt aus. Er fährt die Hotelgäste an Ausstellungen rund um den Bodensee, im Winter stehen mystische Märchenfahrten mit Abendessen auf dem Programm. Hochsaison hat die M.Y. Emily im Sommer während der Bregenzer Festspiele. Da fährt der kleine Dampfer um halb sieben los und bringt die Gäste zur Seebühne. Unterwegs wird das Nachtessen serviert. Und auf dem Rückweg werden die Passagiere mit einem Dessertbuffet verwöhnt – es gibt wohl keine genussvollere und bequemere Art, die Bregenzer Festspiele zu erleben.

Für Autofans liegen zwei weitere Museen nahe: Die Autobau Erlebniswelt im ehemaligen Tanklager der Kernobstbrennerei in Romanshorn vereint Rennwagen aus verschiedenen Epochen. Und in Dornbirn liegt, ebenfalls in einem alten Industriegebäude, einer einstigen Spinnerei, das Rolls-Royce-Museum. Weniger Automobilphile besuchen vielleicht lieber das Seebad von Rorschach, einen beeindruckenden historischen Holzbau auf Stelzen. Oder aber man verweilt nochmals ausgiebig im Smaragd Spa des Hauses Bad Horn und geniesst ein Floating oder eine der hochprofessionell ausgeführten Pflege- und Verwöhnbehandlungen. Über dem Haus zieht wieder der Zeppelin vorbei und auf dem Wasser üben die Stand-up-Paddler – Wasser und Weite in ihrer schönsten Form.

Die Qual der Wahl: die Yacht M.Y. Emily des Hotels und das Zeppelin-Museum in Friedrichshafen.

Historischer Bau: Die Badehütte Rorschach ist das letzte Bauwerk seiner Art am Bodensee.

Was wo wie viel

Unterkunft **Bad Horn Hotel & Spa,** Seestrasse 36, 9326 Horn, T +41 71 844 51 51, info@badhorn.ch, www.badhorn.ch, 57 Zimmer und Suiten, ab CHF 220 (Seeseite) inkl. Frühstück, Parkplatz, Taxen und Benützung des Spa.

Anreise Mit der Bahn bis Horn, Abholdienst durch das Hotel bis 18 Uhr (auf Anmeldung) oder zu Fuss (10 Minuten).

E-Bike Das Hotel vermietet Flyer für CHF 30 pro Halbtag, CHF 45 pro ganzen Tag. Ladestation vorhanden.

Museen **Saurer-Museum,** Weitegasse 8, 9320 Arbon, T +41 71 342 57 57, ocs@bsg.ch, www.saurermuseum.ch, an der Seepromenade, täglich von 10–18 Uhr geöffnet, Eintritt CHF 8, Kinder unter 16 Jahren in Begleitung Erwachsener gratis.

Zeppelin-Museum, Seestrasse 22, D-88045 Friedrichshafen, T +49 754 138 010, www.zeppelin-museum.de, geöffnet Mai bis Oktober täglich 9–17 Uhr, November bis April Di–So 10–16 Uhr, Eintritt € 7.50, Kinder € 3.

Autobau Erlebniswelt, Egnacherweg 7, 8590 Romanshorn, T +41 71 466 00 66, info@autobau.ch, www.autobau.ch, geöffnet Sonntag 10–17 Uhr, Eintritt CHF 15, Kinder CHF 5, pro Erwachsenem ist ein Kind gratis.

Rolls-Royce-Museum, Gütle 11a, A-6850 Dornbirn, T +43 557 252 652, www.rolls-royce-museum.at, ab Dornbirn Zentrum mit Buslinie 5 bis Gütle, geöffnet Di–So 10–17, im Sommer bis 18 Uhr, Eintritt € 8, Kinder € 4.

Fähre Ab Romanshorn jeweils um x.36 Uhr, ab Friedrichshafen um x.41 Uhr, Retourfahrt CHF 15.60, Kinder CHF 8.60.

Sonderfahrten mit der M.Y. Emily, Reservierung direkt im Hotel, T +41 71 844 51 00, für die Festspielfahrten ist eine frühzeitige Reservierung empfehlenswert.

Stand-up-Paddling Zweistündige Einführungskurse ab Westhafen Horn CHF 35 pro Person inkl. Board, Paddel, Schwimmweste. Infos und Anmeldung unter info@fly-the-ama.ch oder T +41 79 601 16 00, www.fly-the-ama.ch.

Freibad **Seebadeanstalt**, 9400 Rorschach, T +41 71 841 16 84, www.badi-info.ch/sg/rorschach.html, Bushaltestelle Badhütte, geöffnet Mitte Mai bis Mitte September, Eintritt CHF 3, Kinder CHF 1.50.

Tipp 12

Bregenzerwald

Architektouren im Wohlfühltakt

Unterkunft Hotel Krone in Au, ein komfortables und architektonisch sehr attraktives Viersternehaus im hinteren Teil des Bregenzerwaldes mit grossem Spa und hervorragender Küche. Idealer Ausgangspunkt für Entdeckungstouren per Velo.

Anreise Mit der Bahn bis Dornbirn und mit dem Bus nach Au (70 Minuten ab Dornbirn). Für die Besichtigungstouren eignet sich aber das Auto am besten. Das Busnetz ist zwar dicht, doch man muss öfters umsteigen.

Ankunft Apéro in der Halle, Führung und Konzert in der Kirche, spätes Abendessen im Hotel.

1. Tag

Velomiete und Fahrt von Au nach Andelsbuch oder Egg (30 Kilometer, 4 Stunden), Imbiss in der Post in Bezau, Rückkehr per Bus oder E-Bike, Abendessen im Hotel.

Langschläfer Besichtigungstour nur bis Bezau.

Schlechtwetter Die Tour ist auch bei Regenwetter zu bewältigen, doch bequemer im Auto. Ansonsten: Spa geniesssen, eine Wohlfühlbehandlung buchen und in der Bibliothek ein Buch ausleihen.

2. Tag

Fahrt nach Hittisau und weiter nach Bregenz und eventuell Dornbirn, Imbiss im Café des Kunsthauses Bregenz.

Langschläfer Direkt nach Bregenz fahren.

Schlechtwetter Nochmals den Spa geniessen und den Besuch von Bregenz und/oder Dornbirn entsprechend kürzer gestalten.

Heimisches Holz und viel Licht: Die Vorarlberger Baukunst, hier im Hotel Post Bezau, ist einzigartig unspektakulär und schön.

Wer zum ersten Mal hier ankommt, reibt sich fast die Augen: An kaum einem anderen Ort wechselt die Landschaft von Stadt zu Land so schlagartig wie im Bregenzerwald. Durch Industriegebiet, Agglomeration und Stadt führt der Weg und auf Quartierstrassen den Berg hoch. Und dann, hinter dem Bödele, gibt es plötzlich weit und breit nur noch Natur, grüne Hügel und kleine, ländliche Dörfer. Nur die breite Landstrasse L200 erinnert noch vage an die städtische Nähe.

Doch ländlich ist alles andere als hinterwäldlerisch. Im Bregenzerwald leben überdurchschnittlich viele innovative Unternehmerinnen und Unternehmer. Sie prägen eine sehr attraktive Hotellerie sowie kreatives Gewerbe und pflegen ein einzigartiges Kulturgut: die Vorarlberger Baukunst. Nirgendwo sonst gibt es so viele moderne sehenswerte Holzbauten auf so kleinem Raum wie hier. Sie zu besichtigen und dazu die Vorzüge des örtlichen Gastgewerbes zu testen, macht aus einem Wochenende einen Hochgenuss.

Ein idealer Ausgangspunkt ist Au. Hier liegt quasi die Wiege der modernen Baukunst. Die Vorarlberger Baukünstler der ersten Generation, die sich Mitte der 1960er-Jahre zur Bauschule formierten und sich von den Architekten des Establishments abgrenzten, lehnten sich mit ihrem Namen an die Barockmeister von Au an. Diese Zunft von Baumeistern und Handwerkern prägte mit dem Bau von Klöstern und Kirchen in Vorarlberg, Süddeutschland, dem Elsass und der Schweiz eine ganze Epoche und ging als Vorarlberger Bauschule in die Geschichte ein. Prachtbauten wie die Klöster St. Gallen, Disentis und Einsiedeln stammen von ihnen, und auch in Au steht eine kleine Barockkirche, und zwar direkt neben dem besten Haus am Platz, der Krone.

Augen- und Gaumenschmaus

Jeweils am Freitagabend führt Walter Lingg, der Hausherr der Krone, seine Gäste in die Kirche, erklärt ihnen die Bedeutung des Dorfs Au in der Bau-

Architektonisches Erbe: Die Barockkirche von Au stammt von den alten Baumeistern, Bad Reuthe von den modernen Baukünstlern.

Viel Licht und Luft: Der Sky Spa und die Zimmer des Hotels Krone bieten viel Ausblick.

geschichte und lädt dann zu einem Orgelkonzert. Ein Grund, im Viersternehaus zu nächtigen – aber bei weitem nicht der einzige: Das Haus birgt hinter einer traditionellen Fassade ein wahres Juwel moderner Holzbaukunst. In mehreren Umbauten wurde das kleinräumige Innere durch grossflächige Säle ersetzt. Beim letzten Umbau 2009 erhielt das Haus ein neues, doppelstöckiges Dachgeschoss, in dem hinter Glasfassaden eine weitläufige und zugleich warme Wohlfühlzone geschaffen wurde, der Sky Spa, eine Sauna- und Ruhelandschaft.

Die Krone ist bekannt für ihr ausgezeichnetes Essen, das Hotelrestaurant ist mit 14 GaultMillau-Punkten dekoriert. Gernot Bischofberger kocht mit seinem Team jeden Abend das Krone-Gourmetmenü, ein Fünf-Gänge-Menü, bei dem die Gäste nur zwischen Fleisch, Fisch und vegetarischem Hauptgang wählen müssen, den Rest bestimmt der Chef.

Auch das Restaurant ist moderne Baukunst pur: schlicht, schnörkellos und funktional. Ein lang gezogener Raum mit Holzboden zieht sich von der vorderen Hausfassade quer durch das Gebäude bis zu den Fenstern zum Hof, die Tische stehen in Reih und Glied die Wände entlang. In dieser Atmosphäre fühlen sich offenbar auch Gäste von weiter westwärts wohl: Sie stammen zu je einem Drittel aus der Schweiz, Deutschland und Frankreich – ein Unikum im Bregenzerwald.

Im Geniessertempo den Fluss entlang

Solcherart in die Baukunst eingeführt, wird man neugierig auf mehr. Beim Gemeindeamt kann man für eine Entdeckungstour fast gratis ein Velo

Formen aus Holz: der Rundbau von Bad Reuthe und der kubische Bau des Frauenmuseums in Hittisau.

ausleihen. Noch bequemer geht es bei Sport Fuchs im Dorf. Dort sind auch Elektrobikes zu haben. Und dann geht's los. Die Bregenzer Ache entlang führt ein Velowanderweg nach Schnepfau und dort unter der Landstrasse hindurch auf die andere Flussseite, dann weiter bis nach Mellau. Dort stehen weitere Prachtexemplare vorarlbergischer Baukunst. Das Sonne Lifestyle Resort besticht durch ein sorgfältig restauriertes, traditionelles Wälderhaus sowie einen schlichten Neubau, der 2009 mit dem Vorarlberger Holzbaupreis ausgezeichnet wurde. Noch vor dem Hotel wird am Ufer des Mellaubachs ein anderer attraktiver Bau sichtbar: ein lang gezogenes Holzgebäude mit Turm, das der Feuerwehr und der Bergrettung als Depot dient. Gebaut wurde er vom bekannten Duo Dietrich/Untertrifaller aus Bregenz.

Von Mellau geht's nach Reuthe, wo mindestens zwei Holzbauten besichtigt werden sollten: Das monumentale Holzbauwerk Kaufmann mit seinen über 160 Metern Länge und einem Wellendach zeigt eindrücklich die Grundregeln der hiesigen Baukunst. Sie ist auf den Gebrauch ausgerichtet, sie sucht nicht das Besondere, sondern optimale Strukturen für das Alltägliche. Bad Reuthe, ein Moorheilbad, das seit vielen Jahrzehnten mehrheitlich Schweizer Gäste pflegt, hat einen prägnanten Rundbau ans Heilbad angebaut sowie einen kubischen Neubau, der alle Vorzüge der Vorarlberger Baukunst aufweist: klare Formen, viel Holz, Modernität und Licht.

Einheimisches Baumaterial

Entlang dem Wald und über das Feld führt der Radweg weiter nach Bezau, wo ein halbes Dutzend architektonischer Sehenswürdigkeiten steht. Das Hotel Post Bezau ist mehrfach aus- und umgebaut worden. Eine Tennishalle, deren Dach von grossen Holzbögen getragen wird, eine Aussensauna, ein modernes Restaurant mit Terrasse sowie ein Erweiterungsbau ganz aus Bregenzerwälder Holz beeindrucken Gäste wie Besucher. Das ist das Gute daran, dass viele schöne Bauten zu Hotels gehören: So kann man ungehindert überall eintreten, sich umschauen und auch gleich noch eine Imbiss- oder Kaffee-Rast einlegen.

Das Hotel Post gehört der Familie Kaufmann, einer bekannten Architektenfamilie, und ist quasi ein Flaggschiff der Baukunst. Auch viele der Einrichtungsgegenstände wurden von Oskar Leo Kaufmann, dem Bruder der Direktorin Susanne Kaufmann, eigens für das Haus kreiert. Er ist es auch, der die Krone Au umgebaut hat. Dabei hatte er nach eigenen Angaben mehr Freiheiten als im Haus seiner Schwester, was Walter Lingg, den Besitzer der Krone, mit besonderem Stolz erfüllt.

Im Dorfkern von Bezau steht das Geniesser- und Kuschelhotel Gams, das ebenfalls mehrere architektonische Highlights aufweist: Die Blütenkokon und Blütenschloss genannten Holzbauten lassen sich zwar nur von aussen bewundern, denn darin sind nur Hotelgäste zugelassen, doch auch die Empfangshalle mit dem schwebenden Weinkeller ist sehr beeindruckend.

Ein Haus für alle

Auch in Bizau hinter Reuthe gäbe es einiges zu sehen. Doch man muss Prioritäten setzen. Andelsbuch lohnt sich insofern, als da neben dem Feuerwehr- und Vereinshaus von Josef Schwärzler auch ein Werk eines Schweizers

Eckig und rund: das Feuerwehrgebäude von Andelsbuch und das Blütenschloss des Hotels Gams in Bezau.

steht: Im Juni 2013 wird das Werkraumhaus von Peter Zumthor eröffnet. Der Werkraum ist eine Vereinigung von innovativen Handwerkern. 1999 gegründet, zählt sie heute 85 Mitgliedsbetriebe und hat internationalen Ruf. Im Werkraumhaus werden Produkte der Vereinigung ausgestellt und verkauft, vor allem Möbel und Gegenstände des täglichen Gebrauchs. Ein Bistro lädt zum Innehalten und zum Gespräch mit Gleichgesinnten ein.

Der Glasbau mit dem markanten Dach bildet eine gelungene Verbindung zwischen den Bregenzerwälder Holzkonstruktionen und den Glasbauten, die in den nahen Zentren stehen und von denen auch ein paar zum kulturellen Pflichtprogramm gehören: das Kunsthaus Bregenz mit seiner milchigen Glashülle von Peter Zumthor, das Festspielhaus Bregenz mit dem gigantischen Wolkenbügel, die Gewerbliche Berufsschule mit der Fassade aus Glaslamellen oder das Hotel Martinspark in Dornbirn, dessen Restaurant wie ein Ballon über dem Eingang schwebt. Und auch das Stadtbad Dornbirn, das mit dem Staatspreis für Architektur 2008 und dem Vorarlberger Bauherrenpreis 2010 ausgezeichnet wurde.

Hinter Andelsbuch führt der Veloweg bis Egg und von da ist es nicht mehr weit nach Hittisau, das auch einiges an toller Architektur aufzuweisen hat, allem voran das Frauenmuseum – ein Unikum auch inhaltlich. Es ist klar: Ein Wochenende reicht nicht aus, um alles zu besichtigen, zumal es ja auch gilt, die Vorzüge des Hotels auszukosten. Den Sky Spa, wo man sogar in der finnischen Sauna einen Rundumblick über das Dorf und das Tal geniesst. Den Garten mit dem Naturbadesee. Die Gaumenfreuden, die mit einer Fülle von regionalen und hausgemachten Produkten schon beim Frühstücksbuffet beginnen. Und auch das gemütliche Sein in der grossen Halle oder der kleinen Bibliothek. Da ergeben sich interessante Gespräche mit anderen Gästen – auch über Architektur.

Spektakuläre Hüllen aus Metall und Glas: das Hotel Martinspark in Dornbirn und das Festspielhaus in Bregenz.

Eine Landschaft zum Geniessen: Blick auf das Dorf Bezau im Bregenzerwald.

Was wo wie viel

Unterkunft **Hotel Krone,** Jaghausen 4, A-6883 Au im Bregenzerwald, T +43 5515 22010, office@krone-au.at, www.krone-au.at, Doppelzimmer ab € 84 pro Person inkl. Krone-Kulinarium mit Frühstück, Nachmittagsimbiss und Gourmet-Abendmenü.

Anreise Mit der Bahn bis Dornbirn und mit dem Bus bis Au (70 Minuten ab Dornbirn). Tipp: Wer möglichst viel Architektur sehen will, reist von Vorteil mit dem Auto an.

Architektur Allgemeine Infos und Broschüren sind beim Verkehrsbüro erhältlich: Bregenzerwald Tourismus, Impulszentrum 1135, A-6863 Egg, T +43 5512 2365, info@bregenzerwald.at, www.bregenzerwald.at, offen Mo–Fr 9–17 Uhr, Sa 8–13 Uhr. Umfassende Broschüren über Architektur können bei Vorarlberg Tourismus heruntergeladen werden: www.vorarlberg.travel.

Velomiete Die Vereinigung Nextbike vermietet Velos für € 5 pro Tag, die Fahrräder können in jeder Ortschaft zwischen Au und Egg zurückgegeben werden. In Au sind sie beim Gemeindeamt erhältlich. Reservierung online unter www.nextbike.at oder der Hotline +43 2742 22 99 01. Mit dem Reservierungscode kann das Schloss geöffnet werden. Die Miete ist also an keine Öffnungszeiten gebunden.

E-Bike **Sport Fuchs,** Argenau 119A, A-6883 Au, T +43 5515 2315, info@sportfuchs.com, www.sportfuchs.com, offen Mo–Fr 8–12 und 14–18 Uhr, Sa 8–12 Uhr, E-Bikes ab € 26 pro Tag.

Bus Die Busfahrpläne des Landbusses Bregenzerwald können hier heruntergeladen werden: www.regiobregenzerwald.at/land-bus-bregenzerwald.html.

Werkraum **Werkraum Bregenzerwald,** Hof 800, A-6866 Andelsbuch, T +43 5512 26386, info@werkraum.at, www.werkraum.at (Öffnungszeiten noch nicht bestimmt).

Tipp 13

Gstaad

Musik und Genuss

Unterkunft Wellness & Spa-Hotel Ermitage in Schönried oberhalb von Gstaad, ein fantastisches Fünfsternehaus mit allem, was man sich wünschen kann. Das offizielle Festival-Hotel des Menuhin Festivals.

Anreise Mit dem Zug bis Schönried, Abholdienst durch das Hotel.

Ankunft Apéro auf der Terrasse und/oder erster Besuch des Spa mit grossem Pool im Garten, danach Abendessen oder gleich zu einem Konzert und anschliessend späteres Abendessen.

1. Tag

Wanderung rund um den Arnensee, Besichtigung von Gstaad, eventuell frühes Abendessen und Konzertbesuch vom Hotel aus, ansonsten Nachtessen auf der Terrasse.

Langschläfer Nur Arnensee oder nur Gstaad-Bummel, ansonsten wie oben.

Schlechtwetter Ausgiebig den 3500 Quadratmeter grossen Spa mit seinen beiden Solbädern, den vielen Dampf- und Schwitzkabinen und das vielfältige Angebot im Vitalità-Schönheitszentrum nutzen.

2. Tag

Fahrt oder Wanderung auf das Horneggli und Wanderung zum Rinderberg, Fahrt hinunter nach Zweisimmen.

Langschläfer Den grossen Garten und die Bäder des Hotels nochmals ausgiebig nutzen.

Schlechtwetter Im Bademantel in der Brunnenstube frühstücken, dann die vielen Dampfgelegenheiten nutzen, eine Wohlfühlbehandlung buchen und geniessen.

Schon Yehudi Menuhin bewunderte ihre Akustik: Die Kirche von Saanen steht im Mittelpunkt des Musikfestivals.

Im Sommer für gemächliche Touren besonders geeignet: Blick über das Saanenland auf Gstaad.

Die schmucke Kirche von Saanen ist bis auf den letzten Platz besetzt. Es ist so still, dass man eine Stecknadel fallen hören würde. Und dann erheben die sechs Herren der King's Singers ihre Stimmen und auf den Gesichtern der Zuhörer macht sich augenblicklich stummes Erstaunen breit: Welch ein Klang! Welche eine Akustik!

Genau dieser Erfahrung verdankt man das Menuhin Festival Gstaad, das jeden Sommer stattfindet und inzwischen sieben Festivalwochen dauert. Yehudi Menuhin, der in den 1950er-Jahren mit seiner Familie ins Saanenland zog, gab auf Betreiben des damaligen Kurdirektors im August 1957 in der Mauritius-Kirche Saanen zwei Konzerte – und war von der Akustik im stimmungsvollen Gebäude so begeistert, dass er aus der Konzertreihe einen jährlich wiederkehrenden «Yehudi-Menuhin-Musiksommer» machte.

Paradies für Gourmets und Geniesser

Heute lassen sich zwischen Mitte Juli und Anfang September über 50 Konzerte mit weltbekannten Solisten und Ensembles in und um Saanen geniessen. Neben der Kammermusik, die Menuhin pflegte, gibt es Symphonien und ebenso zeitgenössische Musik. Berühmte Solokünstler sind mit dabei, aber auch junge Talente, A-cappella-Ensembles wie die King's Singers, Gitarrenvirtuosen und Opernstars. Dutzende von Gründen, ein Wochenende in Gstaad zu verbringen – und zwar am besten im offiziellen Festival-Hotel, dem Ermitage in Schönried oberhalb von Gstaad. Das bringt viele Vorteile: Das Fünfsternehaus ist ein Paradies für Gourmets und Geniesser. Sein Spa und die grosse Gartenanlage mit Solbad sind einzigartig. Die Konzertgäste werden mit dem Hotelbus zu allen Konzerten gefahren und dort wieder abgeholt. Und mehr noch: Sie können sich schon ab 18 Uhr das Abendessen servieren lassen – und zwar, wenn sie möchten, in zwei Etappen: Vorspeisen und Hauptgang vor dem Konzert, Dessert und Käse danach.

Zum Konzert der sechs Sänger aus Grossbritannien haben sich über ein Dutzend Hotelgäste zusammengefunden. Alle sind begeistert. Die Stimmen, das breite Repertoire, das von mittelalterlichen Chorälen bis zu Popsongs reicht. Und auch ihr Charme: Nach dem Konzert mischen sich die Sänger unter das Publikum, plaudern, schenken ihre Blumensträusse an die Damen weiter und signieren lächelnd und jedem Käufer persönlich ihre CDs. Das Motto von Yehudi Menuhin, «Musik unter Freunden», lebt.

Fast zu viel Auswahl

Zurück im Hotel fachsimpelt man bei Käse und Wein über die Musik und berät sich darüber, wie die Zeit bis zum nächsten Konzert zu nutzen sei. Das Saanenland bietet mit all seinen Bergen und Seen eine unglaubliche Fülle an

Planschen, entspannen und fein tafeln: Das Ermitage bietet eine Fülle an Genüssen auf Fünfsterneniveau.

Ausflugsziel für alle: Der Arnensee zieht Familien und Bummler ebenso an wie ehrgeizige Wanderer.

Wander- und Bergtouren. Dank einem dichten Netz von Buslinien können die Gäste selbst entlegene Ecken erkunden und innert Stunden wieder zurück zum Ausgangspunkt finden. Dazu kommen die Aktivitäten des Hotels: Im Ermitage sind zwei Vollzeit angestellte Guides tätig, die an Werktagen Wander- und Biketouren anbieten – und zwar nicht nur für so genannte Warmduscher. Auch ganz sportliche Routen sind im Angebot. Darauf freue er sich jedes Jahr wieder, auf das tägliche Biken mit Christian, erzählt ein Stammkunde aus Richterswil. Wer sich also für ein Konzert unter der Woche entscheidet, hat besonders viel Auswahl.

Alphornklänge am Arnensee

Glück haben aber auch die Wochenendreisenden und die Bequemen: 300 Kilometer Wanderwege zählt Gstaad Tourismus auf neun verschiedenen Bergen. Und schon ein einstündiger Spaziergang rund um den Arnensee bringt so viel Naturgenuss wie eine Woche Jogging zu Hause. Berge und Wälder spiegeln sich im glatten Blau. Weiter hinten kräuselt sich das Wasser im Wind, lassen sich zwei Fischer in ihrem Boot ruderlos treiben. Von Ferne sind, wie eine akustische Fata Morgana, Alphornklänge zu vernehmen. Kinder sind unterwegs, junge Paare und auch ganze Familien. Am Seeende werden an einer grossen Feuerstelle gemeinsam Würste gegrillt, wagen sich Kinder und Jugendliche ins klare, aber frische Nass. Nur der Alphornbläser ist nirgends zu sehen. Ob es doch eine akustische Illusion war?

Die Tour um den Arnensee lässt sich beliebig ausbauen. Wer von seinen Ufern bis zur Alp Seeberg und zum Col de Voré ansteigt und dann wieder hinunter, braucht bis zum Gasthaus Huus am Arnensee rund zweieinhalb Stunden. Ab Gsteig kann man bis zum Col du Pillon wandern oder fahren und von dort hinunter zum Arnensee wandern – macht viereinhalb bzw. zwei Stunden. Und wer auf den Arnenseebus verzichten will, steigt in nochmals anderthalb Stunden hinunter nach Feutersoey. Für jede Variante gilt es jedoch, die Busfahrpläne vor dem Start zu konsultieren, denn besonders häufig fahren die Busse nicht.

Für den nächsten Tag nimmt man sich fest vor, in die Pedale zu treten: Was Christian jeweils anbietet, von Schönried ins Simmental bis nach Diemtigen oder Wimmis, 45 Kilometer. Doch dann siegt die Bequemlichkeit. Gleich gegenüber des Hotels liegt die Talstation der Sesselbahn Horneggli auf den Rinderberg. Eine einfache Höhenwanderung mit ganz wenigen Steigungen über rund sechs Kilometer zur Bergstation Rinderberg bietet eine prächtige Panoramasicht auf die Berge. Von dort geht's mit der Gondelbahn nach Zweisimmen hinunter und mit dem Bus zurück nach Schönried. Wer noch etwas Action braucht, kann von der Mittelstation Eggweid die letzten 500 Meter ins Tal hinunter mit einem Trottinett fahren.

Pionierleistungen für den Genuss

Zu dieser Tour liesse sich noch eine ganze Reihe von gymnastischen Aktivitäten hinzufügen. Im Ermitage wird nämlich die Gruppendynamik gepflegt. Von der Wassergymnastik um 8.30 Uhr über das Aqua Rider, das Radeln im Solbad, den MTB FitnessWalk bis hin zu Stretching und Ballgymnastik nach dem Zvieri gibt es täglich verschiedenste Möglichkeiten, sich mit einem Trainer sportlich zu betätigen. Dazu kommt ein besonders breites Angebot an Wohlfühl- und Pflegebehandlungen und eine weitläufige Dampf- und Schwitzlandschaft. Das sind die Früchte einer Pionierleistung: Die Besitzer Heiner Lutz und Laurenz Schmid waren die ersten, die Anfang der 1990er-

Spass mit der Bergbahn: Vom Rinderberg kann man auf Trottinetten ins Tal hinunter sausen.

Jahre voll auf den Wellness-Tourismus setzten und aus ihrem Haus mit dem Solbad, das sie 1979 als erstes der Alpen gebaut hatten, eine Wohlfühloase machten. Nach diversen Aus- und Umbauten, deren letzte und grösste im Dezember 2011 abgeschlossen wurde, ist die Anlage riesig, durchwegs gestylt und das Angebot lässt keine Wünsche offen.

Kaffee und Kuchen und eine Million Sterne

Auch die neusten Zimmer bieten mit viel Holz im Saaner Stil eine ländliche, besonders wohnliche Atmosphäre und zugleich viel Luxus wie einen eigenen Wohnbereich, eine Whirlwanne oder eine Dampfdusche. Kaum zu übertreffen ist auch der gastronomische Bereich. Er ist in sieben verschiedene Stuben unterteilt, jede einzelne ist ein Juwel. Die Gourmetköche lassen sich in der Showküche in die Töpfe blicken. Ein Mittagsbuffet gibt's, Kaffee und Kuchen am Nachmittag und wer will, kann in der Brunnenstube im Spa im Bademantel frühstücken. Abends locken die Bar One Million Stars, die mit einer Million Swarovski-Steinen versehen ist (nachzählen unmöglich), die grosse Lounge mit Kamin und eine grosszügige Zigarren-Lounge. Rund um die Uhr wird perfekte Gastfreundschaft gepflegt – nirgendwo sonst in der Schweiz fühlt man sich jederzeit so willkommen wie hier. Und keine Frage: Ein Weekend ist zu kurz, um alles auszukosten.

Wer am Freitag früh genug anreist oder am Sonntag nicht allzu weit nach Hause reisen muss, sollte sich ein zweites Konzert gönnen – in einer der anderen Kirchen in Lauenen, Gstaad oder Rougemont. Fast alle Konzerte finden in den Kirchen und Kapellen des Saanenlands statt. Auch das macht das Menuhin Festival einzigartig.

Gstaad selber lohnt einen Besuch – und ist natürlich, wie seine Umgebung, auch ohne Menuhin Festival jederzeit einen Besuch wert. Der heute fast gänzlich autofreie Dorfkern führt Schweizer Besuchern deutlich vor Augen, warum der Ort bei den Schönen und Reichen dieser Welt so beliebt ist: Er ist wie ein dreidimensionales Bilderbuch über traditionelle alpine Kultur. Das muss man einfach fotografieren, die bronzene Kuh am Brunnen, die über die Strasse gespannten Fahnenketten, die kunstvollen Hausfassaden.

Gerade wird die Tribüne des «Suisse Open Gstaad» abgebaut, das Dröhnen der Eisenstangen ist durch das halbe Dorf zu hören. Ein bisschen erinnert der Klang an die Glocken der Kirche von Saanen. Auch die werden manchmal als störend empfunden. Die Turmuhr schlägt nämlich auch während den Konzerten. «Aus technischen Gründen kann der Schlagmechanismus nicht abgeschaltet werden», heisst es dazu im Programmheft des Festivals, und dies immerhin in drei Sprachen.

Hier versteht man, warum Gstaad so viele ausländische Gäste anlockt: Das Dorf ist eine Postkartenidylle.

Was wo wie viel

Unterkunft **Wellness & Spa-Hotel Ermitage,** Dorfstrasse 46, 3778 Schönried ob Gstaad, T +41 33 748 04 30, reservation@ermitage.ch, www.ermitage.ch, 75 Zimmer, Juniorsuiten und Suiten, sieben Restaurantstuben, Buffetzone, Schaukochen, luxuriöse Bar, grosse Lobby-Lounge mit Kamin, Fumoir, 3500 Quadratmeter grosser Spa mit riesigem Saunapark, Lady-Spa und Dutzenden von Behandlungsräumen im Vitalità-Schönheits- und Pflegezentrum. Grosses Gästeprogramm während Werktagen. Im Sommer ab CHF 225 pro Person inkl. Verwöhn-Halbpension mit Kuchen am Nachmittag, Einzelzimmer ab CHF 235.

Anreise Mit dem Zug bis Schönried, Abholdienst durch das Hotel.

Menuhin Festival Gstaad
T +41 33 748 81 82, info@menuhinfestivalgstaad.ch, www.menuhinfestivalgstaad.ch, Tickets auch über Ticketcorner, T 0900 800 800 (CHF 1.19/Min.), www.ticketcorner.ch, Ticketverkauf jeweils ab 1. Februar, vorher Reservierung direkt beim Festivalbüro.

Wandern Broschüren mit Routen, Wanderzeiten und Bergbahnpreisen sind im Verkehrsbüro in Gstaad sowie an der Talstation der Bergbahn erhältlich: Gstaad Saanenland Tourismus, Haus des Gastes, Promenade 41, 3780 Gstaad, T +41 33 748 81 81, info@gstaad.ch, www.gstaad.ch, offen Mo–Fr 8.30–12 und 13.30–18 Uhr, Sa 10–12 und 13.30–17 Uhr, Filiale in Schönried, Bahnhofstrasse 4, T +41 33 748 81 40, offen Mo–Fr 8.30–12 und 13.30–17 Uhr.

Bus Busfahrpläne sind im Tourismusbüro erhältlich, dazu die easyaccess-Card für Gäste, die mindestens zwei Nächte bleiben. Sie berechtigt zur freien Fahrt auf den Bergbahnen sowie mit verschiedenen öffentlichen Verkehrsmitteln, CHF 12 pro Tag.

Essen/Trinken **Huus am Arnensee,** 3784 Feutersoey, T +41 33 755 14 36, www.arnensee.com, Mitte Mai bis Ende Oktober geöffnet.

KWO
GRIMSELSTROM

Tipp 14

Grimsel

Glitzernde Gebirgswelt

Unterkunft Grimsel Hospiz, ein Viersternehaus auf fast 2000 Metern über Meer an spektakulärer Lage inmitten des Grimselsees. Oder: Hotel Handeck, ein Familienhotel mit eigenem Bauernbetrieb.

Anreise Mit der Bahn bis Meiringen und mit dem Postauto bis Grimsel Hospiz oder Handeck.

Ankunft Apéro in der Lounge oder auf der Terrasse mit Blick auf das Tal, im Hotel Handeck Besichtigung des Bauernbetriebs, Nachtessen im Hotel.

1. Tag

Fahrt mit der Gelmerbahn zum Gelmersee, Wanderung rund um den See hinunter zum Stockseewli (3 Stunden), Picknick, von Chüenzentennlen mit dem Bus nach Sommerloch, Besichtigung der Kraftwerkstollen und der Kristallkluft, zurück im Hotel entspannen in der Sauna (Handeck) oder im Badebottich im Freien (Hospiz).

Langschläfer Wanderung nur rund um den See (2 Stunden) oder nur Fahrt mit der Handeckbahn hin und wieder zurück und danach direkt nach Sommerloch zur Besichtigung der Kraftwerkstollen und der Kristallkluft.

Schlechtwetter Besichtigung der Stollen und der Kristallkluft, gemütliches Sein im Hotel am Kamin.

2. Tag

Fahrt ab Grimsel Hospiz mit der Sidelhornbahn an den Ausgangspunkt der Wanderung rund um das Sidelhorn (verschiedene Routen) an den Oberaarsee und auf der Strasse zurück zur Passhöhe (maximal 4½ Stunden), Imbiss im Berghaus Oberaar, Fahrt nach Innertkirchen und zur Aareschlucht, Besichtigung der Aareschlucht.

Langschläfer Wanderung ab Sidelhornbahn Richtung Sidelhorn und zurück oder Besichtigung des Kristallwegs, Besichtigung der Aareschlucht auf der Heimreise.

Schlechtwetter Besichtigung der Aareschlucht und des Sherlock Holmes Museums in Meiringen.

Wie im Freizeitpark, nur echt: Die Gelmerbahn am Grimsel weist 106 Prozent Steigung auf.

Ein bisschen sieht es aus wie im Europapark auf der steilsten Achterbahn. Doch das hier ist die Bergwelt und die Gelmerbahn fährt nicht einfach des Nervenkitzels wegen, sondern um die Passagiere von A nach B zu bringen, nämlich vom Tal unten zum Gelmersee hinauf. Viele Fahrgäste fahren aber tatsächlich nur der Bahn wegen mit der Bahn: Sie ist mit 106 Prozent Steigung die steilste Standseilbahn Europas. An der Scheitelstelle in der Wegmitte fallen die Gleise ins Nichts und sind erst viel weiter unten wieder sichtbar: So muss die Sicht eines Skispringers auf der Sprungschanze sein. Die Passagiere sind im roten Gefährt alle zur Talseite gewandt und knipsen und filmen, was das Zeug hält. Doch kein Bild kann das Gefühl vermitteln, das einen bei der Bergfahrt beschleicht, wenn die Wand immer steiler wird und man auf der Holzbank immer weiter nach vorne rutscht.

Hotelgäste bevorzugt

Nur sechs Minuten dauert die Fahrt, doch das Warten darauf kann mehr Zeit in Anspruch nehmen. An schönen Tagen strömen Wanderer und Spaziergänger zuhauf zur Talstation, um die spektakuläre Fahrt zu erleben. Gäste des Hotels Handeck haben dabei einen Vorteil. Sie können im Hotel schon am Vorabend eine Abfahrtszeit reservieren. Das ist nicht das einzige Privileg, das das Haus bietet. Ähnlich wie sein Schwesterhaus, das Hospiz unterhalb des Grimselpasses, bietet es eine komfortable Unterkunft inmitten der Natur. Die beiden Häuser, die wie auch alle Bahnen und das touristische Angebot zu den Kraftwerken Oberhasli gehören, ergänzen sich. Das Handeck richtet sich an Familien mit Kindern. Im Haupthaus gibt's ein grosses Spielzimmer und

Ein Eldorado für Geniesser und Wanderer: Die Gelmerbahn und viele Wanderwege rund um die Stauseen erschliessen die Grimselwelt.

**Komfortabler Chic auf 2000 Metern Höhe:
Das Grimsel Hospiz ist heute ein Viersternehaus.**

hinter dem Haus liegt ein gigantischer Spielplatz, dessen Einrichtungen Kinder für mehrere Stunden in den Bann ziehen können. Das Nebenhaus verfügt über grosse Zimmer mit Sitzplatz auf den Spielbereich hinaus, und oberhalb des Hotels liegt der Bauernbetrieb Handeck. Hier darf man beim Käsen zusehen und auch mal selber Hand anlegen. Und unterhalb des Stalls lässt sich lernen, wie unglaublich liebenswert Schweine sind. Die Tiere, die hier viel Auslauf haben, freuen sich offensichtlich über Besucher, sie grunzen, als würden sie untereinander sprechen, und kuscheln sich aneinander, wenn sie schlafen gehen. Spätestens seit dem Film «Ein Schweinchen namens Babe» weiss man, wie intelligent diese Tiere sind – hier erfährt man, wie glücklich sie sein können.

Alpine Chic mit Geschichte

Das Schwesterhotel Hospiz besticht durch seine Lage. Königlich thront es auf einem hohen Felsen inmitten des Grimselsees. Sein Urahn, das Spittel, gilt als ältestes Gasthaus der Schweiz, es wurde im Jahr 1142 urkundlich erwähnt. Heute, nach einer zweijährigen Renovierung (2008 bis 2010), erinnert allerhöchstens die markante Steinfassade an ein einfaches Berghaus. Im Innern ist alles edel und chic. Der Arvensaal strahlt den Glanz der 1920er-Jahre aus, die Zimmer sind in modernem, schlichtem Design gehalten, im grossen Wohnzimmer mit Panoramablick ins Tal herrscht Alpine Chic. Nobel ist auch der kulinarische Bereich: Die Genussküche lockt Gourmets von weit her an und im Keller lagern 300 Weine. Historisches Alpinhotel nennt sich das Hospiz heute und ist mit vier Sternen ausgezeichnet. Es ist auch im Winter

Wohnen und besichtigen: Stube im Handeck und ein kleiner Ausschnitt aus der grossen Kristallkluft.

geöffnet, die Anreise erfolgt dann abenteuerlich über zwei Seilbahnen und eine Fahrt durch den Stollen der Kraftwerke.

Egal, für welche Unterkunft man sich entscheidet, das Erlebnis liegt vor der Haustür. Vom Hospiz aus kann man die Sidelhornbahn besteigen und sich über den Grimselsee zum Ausgangspunkt einer attraktiven Wanderung bringen lassen. Vom Handeck-Areal führt eine Hängeseilbrücke zur Talstation der Gelmerbahn – eine Mutprobe für viele und eine gute Vorbereitung für Besucher, die einen Ausflug zum Triftgletscher oberhalb von Gadmen planen – dort befindet sich eine der längsten Hängeseilbrücken Europas, welche sich in 102 Metern Höhe über die Schlucht schwingt.

Natürlicher Erlebnispark auf 2000 Metern

Zunächst einmal sollte man sich jedoch auf das Naheliegende konzentrieren: die Gelmerbahn, das Sidelhorn und einen oder mehrere der insgesamt acht Stauseen, die zur Region gehören. «Grimselwelt» nennt sie sich, und geht auf eine Idee von Gianni Biasutti, dem Direktor der Kraftwerke Oberhasli, zurück. Er hat dafür gesorgt, dass die Umgebung rund um die Kraftwerke auch für Touristen attraktiv ist und sie die Wasserkraft und Energiegewinnung im Alpenraum hautnah miterleben können: mit einer touristischen Infrastruktur wie guten Unterkünften mitten im Gebiet, Bergbahnen, Wanderwegen zu den und rund um die Stauseen, Postautoverbindungen und der freien Besichtigung der Kraftwerkstollen tief im Berg. Die Grimselwelt ist quasi ein natürlicher Erlebnispark mit Dutzenden von Möglichkeiten, die Kraft und Schönheit der Gebirgswelt zu entdecken.

Wasser hat viele Farben: Türkis schimmert der Gelmersee, graugrün die schäumende Masse in der Aareschlucht.

Von der Bergstation der Gelmerbahn aus führt ein Rundweg um den Gelmersee. Sandstrände laden zum Verweilen ein. Von der Staumauer führt ein Weg über Steintreppen durch die Felslandschaft zum Stockseewli, einer idyllischen Moorlandschaft, und weiter bis zur Postautohaltestelle Chüenzentennlen. Von dort kann man auf einem alten Saumpfad zurück zur Handeck wandern. Oder aber man fährt bis zum Sommerloch, dem Treffpunkt für die öffentliche Führung durch die Kraftwerke. Täglich um 13 und um 14.30 Uhr werden Besucher durch unterirdische Stollen zum Kraftwerk Grimsel 1 geführt – und zur Kristallkluft, einer einzigartigen Pracht von unschätzbarem Wert. Als der Stollen gebohrt wurde, stiess man auf diese Ader und entdeckte die lang gezogene, komplett mit Kristallen verkleidete Höhle. Um sie zu schützen, wurde der Zugang zubetoniert und erst nach Abschluss der Bauarbeiten wieder geöffnet. Heute ist sie durch dickes Glas und Stahltüren gesichert und macht, wenn sie für die Besucher beleuchtet wird, einfach sprachlos.

Eine halbtägige Bergtour vom Hospiz aus führt zum Sidelhorn. Kaum eine andere Tour bietet so viele fantastische Ausblicke auf so viele Gletscher und Bergseen: Rhonegletscher, Oberaargletscher, Grimselsee, Totensee, Oberaarsee und fast ein Dutzend namenlose Seelein. Von der Läregg sieht man ins UNESCO Weltnaturerbe Schweizer Alpen Jungfrau-Aletsch hinüber. Für den Rückweg bietet sich die Route entlang der Zufahrtsstrasse zum Oberaarsee an. Hier treffen sportliche Wanderer auf weniger sportliche Schnellbesucher: Die Strasse ist jede halbe Stunde für 20 Minuten in die eine oder andere Richtung geöffnet. Reisende, die auf der Passhöhe haltmachen, nutzen dies gerne für einen kurzen Abstecher zum Gletschersee oder sogar für eine

Wanderung den See entlang zur Gletscherzunge. Auch am Grimselsee entlang führt eine bequeme Wanderroute bis zum Unteraargletscher.

Egal, welche Route man wählt, auf dem Nachhauseweg sollte noch Zeit für die Aareschlucht bleiben. Da, wo der Fluss durch eine enge, 200 Meter tiefe und teilweise nur meterbreite Schlucht fliesst, führen Stege und Tunnel den Fluss entlang. Knapp anderthalb Kilometer lang ist der Weg und gibt Hunderte von eindrücklichen Felsformationen sowie Licht- und Schattenspiele mit dem Wasser preis. Auch diese Sehenswürdigkeit ist bestens erschlossen: Die Meiringen-Innertkirchen-Bahn verbindet das West- und das Ostende der Schlucht und an beiden Eingängen steht ein Restaurant bzw. eine Snackbar.

Auch im Winter geöffnet

In und um Meiringen gäbe es eigentlich noch mehr zu besichtigen. Da locken das Sherlock Holmes Museum, die Reichenbachfälle mit der dazugehörenden Bahn, die Alpbachschlucht, die Gletscherschlucht der Rosenlaui. Doch noch mehr lockt die Möglichkeit, die Grimselwelt im Winter zu erleben. Wenn die Seen gefroren, die Berge verschneit sind und der Pass Wintersperre hat, muss da eine unglaubliche Ruhe und am Kaminfeuer im Hospiz eine fantastische Stimmung herrschen.

Das Hotel nutzt die Winterzeit für kulturelle Darbietungen, eine szenische Lesung mit Philip Maloney etwa, eine Jazz-Soiree mit dem Kaffeehausorchester oder ein Weinseminar. Diese Anlässe sind, wie der Aufenthalt im Hospiz überhaupt, äusserst beliebt. Eine frühzeitige Reservierung empfiehlt sich.

Der Oberaargletscher ist auf einem Weg den See entlang erreichbar.

Was wo wie viel

Unterkunft **Handeck Hotel und Naturresort,** 3864 Guttannen, T +41 33 982 36 11, welcome@grimselhotels.ch, www.grimselwelt.ch, 34 Doppelzimmer und 3 Familienzimmer, 2 Restaurants, Bar, kleine Wellnessanlage mit Sauna, Spielplatz, benachbarter Bauernbetrieb mit Käserei, ab CHF 129 pro Person inkl. Halbpension, Kinder ab CHF 20. Offen Ende Mai bis Oktober.

Grimsel Hospiz, 3864 Guttannen, T +41 33 982 46 11, welcome@grimselhotels.ch, www.grimselwelt.ch, aufwendig restauriertes und modernisiertes Berghaus mit Viersternekomfort, 28 Zimmer, Restaurant, Terrassenrestaurant, Wohnstube, Badezuber im Freien, ab CHF 159 pro Person inkl. Halbpension. Offen Ende Mai bis Oktober, Winteröffnungszeiten siehe www.grimselwelt.ch.

Anreise Mit der Bahn bis Meiringen und mit dem Postauto bis Grimsel Hospiz oder Handeck.

Wandern In der kleinen Faltbroschüre «Grimselwelt Panorama», die in jede Hosentasche passt, sind die schönsten Wanderrouten eingezeichnet, und zwar mitsamt Zeitangaben für die einzelnen Wegstrecken. Der Fahrplan der Postautos ist in den Hotels erhältlich.

Bergbahnen **Gelmerbahn** Fährt Juni bis Oktober 9–16 Uhr, Juli und August bis 17 Uhr, Bergfahrt x.00 und x.30 Uhr, Talfahrt x.15 und x.45 Uhr, Erwachsene einfach CHF 17, Kinder CHF 12, retour CHF 27 bzw. 17.

Sidelhornbahn Fährt von Ende Juni bis Ende Oktober 7–21.30 Uhr, Selbstfahrbetrieb, Tickets an der Talstation, Erwachsene CHF 6, Kinder 6–16 Jahre CHF 4.

Essen/Trinken **Restaurant und Berghaus Oberaar,** 3864 Guttannen, T +41 33 982 36 11, offen Juni bis Ende September.

Sehenswertes **Kraftwerke** Die geführte Besichtigung findet von Juni bis Oktober täglich um 13 und 14.30 Uhr statt. Treffpunkt ist beim Sommerloch, Eingang Kraftwerk Grimsel 1. Keine Anmeldung möglich, Dauer 1¼ Stunden, Eintritt CHF 15, Kinder CHF 10.

Aareschlucht Westeingang (Meiringen) T +41 33 971 40 48, Osteingang (Innertkirchen) T +41 33 971 10 48, www.aareschlucht.ch, offen Mitte April bis Anfang November, 8–17.30 Uhr, Juni bis Oktober Mi–So bis 22 Uhr, Eintritt CHF 5.50, Kinder 7–16 Jahre CHF 4.

Museum **Sherlock Holmes Museum,** c/o Dorfgemeinde Meiringen, Kreuzgasse 4, 3860 Meiringen, T +41 33 972 50 00, www.sherlockholmes.ch, offen Mai bis Oktober Di–So 13.30–18 Uhr, Eintritt CHF 4, Kinder bis 12 Jahre CHF 3.

Weitere Infos **Grimselwelt,** 3862 Innertkirchen, T +41 33 982 26 26, welcome@grimselwelt.ch, www.grimselwelt.ch.

Tipp 15

Val Ferret

Alpine Grenzerfahrungen

Unterkunft Im einfachen Dreisternehotel Edelweiss mit schönem Speisesaal, Tennisplatz, Sauna und Bibliothek oder in der Auberge des Glaciers, dem urchigen Dreh- und Angelpunkt mit grosser Sonnenterrasse für Wandergruppen und -freunde.

Anreise Mit der Bahn bis Orsières und mit dem Postauto bis La Fouly.

Ankunft Abendessen im Hotel, Spaziergang durch das Dorf.

1. Tag

Wanderung zum Grossen St. Bernhard (5 Stunden), Rückfahrt mit dem Postauto ab Passhöhe (via Orsières).

Langschläfer Tour auf dem Sentier des Bergers mit Abkürzung von der Alpage Les Ars Dessous aus auf die Steinbockroute (3 Stunden).

Schlechtwetter Fahrt nach Verbier und planschen und schwitzen im Centre Sportif.

2. Tag

Wanderung zu den Edelweissfeldern oberhalb der Alpage de l'Arpalle (3 Stunden), Fahrt nach Martigny und Besuch des Bernhardinerzentrums.

Langschläfer Seilpark-Besuch oder Spaziergang zur Alpage de la Fouly und Besuch des Bernhardinerzentrums in Martigny.

Schlechtwetter Frühe Abreise, Besuch des Bernhardinerzentrums in Martigny und der Bains de Lavey, dem grossen und schönen Thermalbad am Eingang zum Wallis.

Wie von Hand gemeisselt: Der Tour Noir und die Aiguilles Rouges heben sich gegen den Himmel über La Fouly ab.

Unten Schatten, oben strahlender Himmel und Schnee: Die Natur erscheint im Val Ferret besonders mächtig.

Am Morgen, wenn das Dorf noch im Schatten liegt, sind sie am eindrücklichsten, die Zacken des Tour Noir. Scharf heben sie sich gegen den blauen Himmel ab, unter ihnen glänzt der Schnee in der Sonne. Sie thronen hoch oben über La Fouly, einem kleinen Dorf in der hintersten Ecke des Val Ferret. Auf 1600 Metern gelegen, ist es das höchste Dorf des Tals, das ganzjährig bewohnt wird. Weiter oben liegen nur noch die Weiler Le Clou, Les Granges und Ferret, wo nur im Sommer Leben herrscht.

Keine hundert Einwohner zählt das Dorf. Und doch herrscht an diesem Wochenendmorgen ein reges Treiben. Dutzende von Bussen und Autos haben am Dorfausgang vor dem Verkehrsbüro geparkt. Auf Campingstühlen sitzend wartet man auf andere Ankömmlinge oder man checkt nochmals alle Ausrüstungsgegenstände durch – und kauft im grossen Sportgeschäft am Platz Ersatzteile oder Vergessenes ein. La Fouly ist Ausgangspunkt für verschiedene grosse Wanderungen: Die neunte von zehn Etappen der grossen Montblanc-Tour beginnt hier, welche in vier Stunden von Ferret nach Champex-au-Lac führt. Die Grosswanderung in sechs Tagen rund um den Grossen St. Bernhard führt ebenfalls hier vorbei. Und dann gibt es noch die ganz verrückte Tour, der einmal jährlich durchgeführte Ultratrail, ein Rennen über 168 Kilometer und 9600 Meter Steigung rund um den Montblanc, das regelmässig hier startet. Im Sommer, wenn die Verhältnisse auch für weniger geübte Berggänger gut sind, fallen an den Wochenenden Hunderte von Wanderlustigen im kleinen Dorf ein.

Gemütliche Unterkunft fast am Ende der Strasse: das Hotel Edelweiss in La Fouly.

Rustikaler Treffpunkt

Die Übernachtungsmöglichkeiten sind limitiert. Das Hotel Edelweiss lockt mit drei Sternen und einem Speisesaal mit prachtvoller Aussicht auf den Tour Noir und die umliegenden Gletscher und Hügel. Die Auberge des Glaciers am Dorfausgang bietet etwas rustikalere Schlafmöglichkeiten mit Doppel- und Dreierzimmern, teilweise mit Bad auf der Etage, sowie Einzelbetten in Mehrbettzimmern mit Kajütenbetten. Die Terrasse mit Bar ist eine beliebte Anlaufstation für Wanderer und Ausflügler jeder Couleur. Hier hört man sich um und holt sich ein paar Ratschläge von Habitués, wenn es um eine der grossen Etappen geht.

Am Ende der Strasse

Und doch ist La Fouly auch für Geniesser ein wunderbares Wochenendziel. Wenn sich die Hartgesottenen aufmachen, ihre nächsten 2000 Meter Höhendifferenz zu bezwingen und dabei möglichst ihren eigenen Zeitrekord zu brechen, kann man sich auf der Terrasse nochmals genüsslich zurücklehnen und sich auf eine gemütlichere Tour freuen in einer Landschaft, die einfach einzigartig ist. Das Val Ferret ist ein bisschen Ende der Welt: Keine grosse «station», kein Ferienort wie Verbier liegt hier, kein grosser Stausee mit Kraftwerk, und keine Passstrasse führt vom Tal in die Berge hinauf. Schon einige Kilometer vor dem Dorf hat man das Gefühl, hier komme nichts mehr, ertappen sich Autofahrer dabei, mitten auf der Strasse zu fahren, weil man keinen Gegenverkehr mehr erwartet. Und wer gerne fotografiert, steigt wohl mehr als einmal mitten auf der Strasse aus, um die Landschaft festzuhalten –

Landschaften, wie Wanderer sie lieben: Die Wege verlaufen an Maiensässen, die Strasse an Weideland vorbei.

Natur rundherum und so weit das Auge reicht. Und wenn doch Siedlungen ins Blickfeld kommen, dann sind es Postkartenidyllen wie L'Amônaz, ein ganz aus alten Steinhäusern bestehender Weiler.

La Fouly selber besteht aus wenigen Dutzend Häusern. Das auffälligste ist das Grand Hôtel, ein hübscher, palastartiger Bau aus den Anfängen des Bergtourismus. Es wurde Anfang des 20. Jahrhunderts für die englischen Touristen gebaut, aber nie umfassend modernisiert. Heute wird es von einer Genfer Kirchgemeinde für Ferienkolonien genutzt.

Auf den Spuren von Napoleon

Oberhalb von La Fouly liegen nur noch ein paar Maiensässe auf den Alpweiden: die Alpage des Ars oder die Alpage de la Peule, wo man im Stroh übernachten kann. Diese Landschaft gilt es zu erkunden und zu geniessen, am besten auf einer Wanderung zum Hospiz des Grossen St. Bernhard. Der Weg führt über Ferret und die Alpen von Les Ars zum Maiensäss Plan de la Chaux und in langen Kehren hinauf zur Seenplatte der Lacs de Fenêtre auf 2500 Metern. Die Seen sind nach dem Scheitelpunkt zwischen dem Val Ferret und der italienischen Seite des Bernhard-Massivs, dem Fenêtre de Ferret oberhalb der Seen, benannt, von wo man einen prächtigen Blick auf das Montblanc-Massiv hat. Von dort geht es steil hinunter auf die Passstrasse und dann wieder etwas hoch zum Hospiz. Eine etwas längere Variante führt von den Seen über den Col du Bastillon und den Col des Chevaux zum Hospiz. Dieser Weg ist, wie auch das Hospiz selber, historienbeladen. Im 18. Jahrhundert baute man ihn so aus, dass auch Pferde bis zum Hospiz geführt werden

Über die Lacs de Fenêtre führt der Wanderweg zum Hospiz auf dem Grossen St. Bernhard.

konnten – und schuf so die Voraussetzung dafür, dass Napoleon im Mai 1800 mit einem 40 000 Mann starken Heer und schwerem Geschütz in südlicher Richtung über den noch verschneiten Pass ziehen konnte. Er wählte den Grossen St. Bernhard als Route nach Italien, wo er bei Marengo gegen die österreichischen Truppen antrat und einen entscheidenden Sieg davontrug.

Wiege der Bergrettung

Der Pass selber ist nach dem heiligen Bernhard von Aosta benannt, der das Hospiz bereits um 1050 gründete. Berühmt geworden ist es durch seine Hunde, die seit dem 17. Jahrhundert auf dem Hospiz lebten. Sie wurden ab Mitte des 18. Jahrhunderts für die Rettung von Berggängern in Not trainiert. Das Hospiz war damit eine der ersten Einrichtungen in den Alpen, die sich der Rettung aus Bergnot widmeten. Das Fläschchen um den Hals der Tiere ist erstmals auf einem Gemälde von 1810 zu sehen. Zu dieser Zeit lebte auch Barry, der berühmteste aller Bernhardinerhunde. Er soll über 40 Personen vor dem sicheren Tod gerettet haben – Grund genug, moderne Lawinensuchgeräte nach ihm zu benennen: Barryvox heissen sie.

Heute sind die Bernhardiner mit einem Gewicht von bis zu 90 Kilogramm viel zu schwer, um als Lawinensuchhunde eingesetzt zu werden. Auf dem Pass sind sie nur noch in den Sommermonaten anzutreffen – vor allem als Touristenattraktion. Den Rest der Zeit verbringen sie in Martigny, wo sich die Stiftung de Watteville um die Aufzucht der Rassehunde kümmert. In einem alten Zeughaus wird die Geschichte des Passes und Hospizes mit ihren Hunden dargestellt. Und im Chenil, der Hundehütte, können die Hunde bewundert und gestreichelt werden. Die Tiere lieben den Kontakt zu den Besuchern. Wer allerdings mit dem Gedanken spielt, sich selber einen Bernhardiner zuzulegen, muss sich auf eine lange Warteliste setzen lassen. Jährlich kommen hier rund 20 Rassehunde zur Welt, doch die Nachfrage übersteigt diese Zahl bei weitem. Und Barry? Er wurde ausgestopft – und steht heute im Naturhistorischen Museum in Bern, weil er in Bern seine Altersjahre verbrachte.

Wem der Weg zum Hospiz des Grossen St. Bernhard zu weit ist, hat in La Fouly zahlreiche Aussichten auf weniger lange Wanderungen. Von der Bergstation des Sesselliftes aus lässt es sich zum Beispiel ohne grosse Steigungen zu den Alpen des Hochtals hinter Ferret wandern. Der Sentier des Bergers, der Hirtenweg, führt in sechseinhalb Stunden zu sechs Alpages und bietet mehrere, auf der entsprechenden Broschüre eingezeichnete Abkürzungen, etwa auf den anderen Themenweg, den Sentier des Bouquetins, die Steinbockroute. Ebenfalls von der Bergstation der Sesselbahn führt ein Weg über die Alpage de l'Arpalle zu den Edelweissfeldern, den Champs d'Edelweiss. Die dreistündige Tour lässt sich mit der Rückkehr per Sesselbahn auf zwei Stunden verkürzen. Oder man kann auch nur die Alpage de la Fouly besuchen und dann wieder ins Dorf zurückkehren – macht eine Stunde.

In der Talsohle unterhalb des Dorfs lockt der Seilpark mit drei verschiedenen Routen für kleine, geübtere und ganz mutige Gäste. 40 Etappen gilt es zu überwinden, davon zehn per Tyrolienne, dem Drahtseil, über das man sich an einer Rolle hängend sausen lässt. Entlang der Dranse de Ferret, dem milchigen Bergbach, der von verschiedenen Gletschern gespiesen wird, führt ein schöner Spazierweg talabwärts nach Prayon, Branches und Praz de Fort. Das Postauto bringt einen zurück. Den Tag zu Ende gehen lassen sollte man in jedem Fall auf einer Terrasse: Wenn die Sonne schon tief steht und sie nur noch die obersten Bergzipfel beleuchtet, wirkt diese einsame Grenzregion schon fast mystisch.

Unbedingt einen Besuch wert: die Dranse de Ferret und das Bernhardinermuseum in Martigny.

Karg, aber schön: Der Wanderweg entlang den Lacs de Fenêtre führt über Stock und Stein.

Was wo wie viel

Unterkunft **Hotel Edelweiss,** Route de Ferret, 1944 La Fouly, T +41 27 783 26 21, info@lafouly.ch, www.lafouly.ch, Doppelzimmer mit Halbpension ab CHF 98 pro Person.

Auberge des Glaciers, Route de Ferret, 1944 La Fouly, T +41 27 783 11 71, info@aubergedesglaciers.ch, www.aubergedesglaciers.ch, Doppelzimmer mit Dusche und Frühstück ab CHF 75 pro Person, Bett im Massenlager CHF 30.

Anreise Mit der Bahn bis Orsières und mit dem Postauto nach La Fouly.

Infos/Broschüren **Office du Tourisme de La Fouly,** 1944 La Fouly, T +41 27 775 23 84, lafouly@v-sb.ch, www.verbier-st-bernard.ch.

Sesselbahn **Télélafouly SA,** 1944 La Fouly, T +41 27 783 25 83, info@telelafouly.ch, www.telelafouly.ch, in Juli, August und an Wochenenden im September ist der Sessellift jeden Tag in Betrieb, und zwar zwischen 8 und 16.15 Uhr, allerdings nur bei schönem Wetter. Einfache Fahrt CHF 7, retour CHF 9, Kinder CHF 5 bzw. CHF 7.

Seilpark **Télélafouly SA,** T +41 27 783 25 45, info@sentier-suspendu.ch, www.sentier-suspendu.ch, offen Mai und Juni 13–17 Uhr, Juli und August 10–18 Uhr, September und Oktober 13–17 Uhr, nur bei trockenem Wetter, auf Voranmeldung auch nachts möglich. Erwachsene CHF 25, Kinder bis 16 Jahre CHF 15.

Museum **Musée et Chiens du Saint-Bernard,** Fondation Bernard et Caroline de Watteville, Route du Levant 34, 1920 Martigny, T +41 27 720 49 20, info@museesaintbernard.ch, www.museesaintbernard.ch, offen täglich 10–18 Uhr, Eintritt CHF 12, Kinder CHF 7.

Wellness **Centre Sportif de Verbier,** Chemin de Plan Pra 12A, 1936 Verbier, T +41 27 771 66 01, centre.sportif@verbier.ch, www.centre-sportif-verbier.ch, Hallenbad, Jacuzzi, Sauna und Hammam, offen Juni, September und Oktober Mi–So 12–20 Uhr, Juli und August täglich 10–21 Uhr, Eintritt CHF 16, Kinder CHF 12.

Les Bains de Lavey, Route des Bains 48, 1892 Lavey-les-Bains, T +41 24 486 15 55, info@lavey-les-bains.ch, www.lavey-les-bains.ch, offen täglich 9–21 Uhr, Eintritt CHF 25 (Thermalbad, Sauna, Hammam), Kinder CHF 17 (nur Thermalbad).

Tipp 16

Lausanne

Die Stadt mit Aussichten

Unterkunft Château d'Ouchy, Viersternehotel in den historischen Mauern des Schlosses direkt am Seeufer mit sehr schönen Zimmern und traumhaften Suiten, einem Restaurant mit Terrasse und einer edlen Bar, Swimmingpool im Garten. Gratis-Zugang zum Spa des Lausanne Palace (im selben Besitz).

Anreise Mit der Bahn bis Lausanne und mit der Metrolinie M2 vom Bahnhof Lausanne bis Ouchy, das Hotel liegt direkt gegenüber der Metrostation.

Ankunft Apéro je nach Wetter auf der Terrasse oder in der Hotelbar, Nachtessen im Hotel, Fahrt mit der Metro nach Flon, Bummel durchs Quartier.

1. Tag

Stadtbummel, Fahrt zur ETH/EPF Lausanne zur architektonischen Besichtigung, Schifffahrt nach Evian, Nachtessen in Evian oder im Hotel.

Langschläfer ETH/EPF Lausanne auslassen.

Schlechtwetter Im Hotel Lausanne Palace in den Spa einchecken und sich mit einer Massage und dem exzellenten Spa-Menü im Spa-Bistro verwöhnen lassen, Fahrt nach Evian und zurück.

2. Tag

Bummel den See entlang, mit Bus oder Zug nach Lutry oder Chexbres, Wanderung oder Fahrt mit einem der Touristenzüge durch die Weinberge, Mittagsimbiss in Chexbres oder Lutry.

Langschläfer Bummel entlang dem See weglassen.

Schlechtwetter Museenbesuch – das Elysée oder ab Ende 2013 das Olympische Museum, Besuch eines Weinkellers.

Ein traumhafter Anblick: Die Rebhänge des Lavaux am Genfersee bringen viele Reisende ins Schwärmen.

Das erste «Wow» entfährt den meisten Anreisenden schon, bevor die Stadt in Sicht kommt – wenn die Bahn aus dem letzten Tunnel oberhalb von Epesses fährt und den Blick über die Weinberge des Lavaux, den weiten Genfersee und die Berge von Savoyen freigibt. Die Aussicht macht vor allem im Herbst, wenn die Weinberge in allen Gelb- und Rosttönen gefärbt sind und der Himmel sich stahlblau dagegen abhebt, fast sprachlos. Ein paar Kilometer weiter rückt dann auch Lausanne in den Blickpunkt. Die Stadt breitet sich über den ganzen Hügel bis an den See aus, zuoberst thront – nein, eben nicht die Kathedrale – der klotzige Bau des CHUV, des Centre hospitalier universitaire vaudois.

Der Bahnhof liegt im unteren Teil der Stadt, nur ein paar Stationen mit der Metro sind es von dort nach Ouchy, dem Stadtteil am See unten, der die schönsten Quaianlagen am Genfersee beherbergt. Da liegt auch die schönste Unterkunft weit und breit, das Château d'Ouchy. Es ist ein Schloss wie aus dem Bilderbuch, so perfekt, dass es ein bisschen an Disneyland erinnert. Nur: Dieses hier ist echt. Das aus dem 12. Jahrhundert stammende Schloss spielte über Jahrhunderte als Bischofssitz eine wichtige Rolle. 1923 wurde hier der Vertrag von Lausanne geschlossen. 2007 wurde es letztmals komplett renoviert und mit viel Fingerspitzengefühl für das historische Cadre in ein Hotel umgewandelt. Im Innenhof liegt heute unter einem gläsernen Dach die Lobby, die Zimmer sind mit grosser Rücksicht auf das ursprüngliche Inte-

Mehrstöckige Stadt: Die Kathedrale und die Altstadt von Lausanne liegen hoch über dem Genfersee.

Das Château d'Ouchy bietet mit seinem mittelalterlichen Innern eine märchenhafte Unterkunft.

rieur restauriert und mit dem Komfort eines Viersternehauses versehen worden. Besonders eindrücklich sind die Suiten im alten Turm, dem Donjon, der heute noch als historisches Denkmal registriert ist. Die Riviera-Suite bietet mit Fenstern auf drei Seiten einen Rundblick über den ganzen See. Und die Chevalier-Suite mit der alten Kassettendecke und dem Täfer, den farbigen Fenstern und den steinernen Deckenstützen in Form von Kobolden ist Mittelalter pur – romantischer geht es nicht.

Die erste und einzige U-Bahn der Schweiz

Das Hotel verfügt über ein Restaurant im nautischen Stil mit Terrasse sowie eine luxuriöse Bar mit einer langen Theke aus Marmor. Das moderne Mobiliar mit leisen Referenzen an den alten Schlossstil schafft zwischen den alten Mauern eine wunderbare Atmosphäre. Man muss sich losreissen, um die Stadt zu entdecken.

Von oben nach unten lässt sich Lausanne am besten kennenlernen. Die Metro führt hinauf. Ursprünglich eine lediglich 1,5 Kilometer lange Zahnradbahn, die den Bahnhof mit Ouchy und dem Stadtzentrum verband, ist sie heute eine moderne, vollautomatische U-Bahn nach Pariser Vorbild und bringt die Passagiere auf zwei Linien bis weit über die Stadtgrenze hinaus. Die M2 fährt fast durchwegs unterirdisch den Berg hinan bis nach Epalinges, die M1 führt als Stadtbahn fast ausschliesslich oberirdisch vom Stadtzentrum über die Uni und die EPFL (ETH Lausanne) nach Renens.

Stadtbummler nehmen die M2 bis Place de la Riponne. Von hier erstreckt sich die Fussgängerzone fast über die ganze Altstadt. Ganz in der Nähe liegt

Zum Flanieren geschaffen: Lausanne bietet kilometerlange Uferpromenaden und Pärke am See.

die Kathedrale, mächtig hebt sie sich gegen den Himmel ab. Es ist die grösste gotische Kathedrale der Schweiz – und heute noch wird ein über 600 Jahre alter Brauch gepflegt: Von 22 Uhr bis 2 Uhr ruft der Turmwächter jeden Glockenschlag aus. Ursprünglich hatte er vor allem die Aufgabe, nach Feuer Ausschau zu halten – die Stadt bestand damals vor allem aus Holzhäusern und geheizt wurde mit offenem Ofen.

Das erste Hochhaus der Schweiz

Der Turm kann bestiegen werden. Die Aussicht über die Dächer der Altstadt ist aber auch von unten eindrücklich. Schon von hier zu sehen ist der Bel-Air Turm, das erste Hochhaus der Schweiz. Es wurde Anfang der 1930er-Jahre nach amerikanischem Vorbild gebaut und stiess auf erbitterten Widerstand bei der Bevölkerung. Bekannte Persönlichkeiten wie der Autor Charles-Ferdinand Ramuz befürchteten, dass der 55 Meter hohe Bau das Wahrzeichen Lausannes, die Kathedrale, in den Schatten stellen würde. Ironie des Schicksals: Beim CHUV, das ausserhalb des Zentrums liegt, hatte man solche Bedenken offenbar nicht mehr.

Durch die Fussgängerzone sind es von der Kathedrale aus nur wenige Minuten bis zum Bel-Air Turm hinunter. Er steht an der Grand-Pont, die die beiden Altstadtteile miteinander verbindet. Lausanne ist nämlich nicht nur hügelig, sondern auch mehrstöckig: Zwischen den Hügeln liegt ein innerstädtisches Tal. Beim Bel-Air Turm führt eine Rampe, an anderen Orten führen lange Treppen hinunter. Für viele macht genau dies den Reiz der Stadt aus. Andere finden das Auf und Ab eher mühsam. Im Mittelalter, als die Brücke noch nicht existierte, wurde Lausanne deswegen von vielen Handelsleuten gemieden.

Das Quartier in der Talsohle heisst Flon – nach dem Fluss, der hier einst durchfloss. Schon 1877 wurde die Ficelle, die Schnur, gebaut, die Vorgängerin der Metro, eine Seilbahn, mit der man Waren von Ouchy ins innerstädtische Tal bringen konnte. Man erstellte Lagerhäuser und das Quartier wurde zu einem Industriegebiet. Heute ist der Flon das Pendant zu Zürichs Escher-Wyss-Quartier (siehe Tipp 8). Die alten Industriegebäude wurden umgenutzt und beherbergen nun Ateliers, Läden, Galerien, Büros, Bars und Restaurants. Der Hauptplatz des Quartiers, die Esplanade du Flon, hat sich seit seiner Einweihung im Juni 2003 zu einem der wichtigsten Plätze für kulturelle Grossveranstaltungen der Stadt entwickelt. Vor allem abends, wenn die Gebäude und die Freiluftgalerie farbig beleuchtet sind, lohnt sich ein Besuch. Aber auch tagsüber sollte man auf der Terrasse des Epicurious über den Dächern des Quartiers oder in der N2O-Bar in der Talsohle einen Halt einlegen.

Shopping-Fans werden beim Sightseeing in Lausanne immer wieder abgelenkt. Denn es gibt viele Geschäfte, die in der Deutschschweiz nicht vertreten sind. Der Buch- und Unterhaltungselektronik-Laden FNAC etwa im Komplex vor dem Bel-Air Turm, der von der Brückenebene bis hinunter in den Flon reicht. Oder kleine Boutiquen in den Gassen, die vom Place de l'Europe und der angrenzenden Rue Centrale hinauf zum Place Saint-François führen.

Die spektakulärste Architektur der Schweiz

Architekturinteressierte nehmen vom Flon die M1 zur EPFL, der ETH Lausanne. Ihre Bibliothek, das Rolex Learning Center, ist ein einzigartiges Stück moderner Baukunst. Bis 2014 entsteht hier noch ein weiteres spektakuläres Gebäude, ein Kongresszentrum für bis zu 3000 Personen mit markanter kantiger Gebäudehülle aus glänzendem Metall.

Ein Bummel durch die Esplanade de Montbenon hinter dem Hotel Lausanne Palace bringt schöne Ausblicke. Vom Moränenhügel aus sieht man über den ganzen Genfersee. Noch genussvoller ist es, direkt den See entlang zu schlendern. Lausanne hat eine endlose Seepromenade; von Lutry über Ouchy bis nach Morges zieht sie sich über 15 Kilometer direkt entlang dem Wasser. In Ouchy sind die 1901 erbauten Quais, die sich vom alten Hafen bis zum Château d'Ouchy erstrecken, bis zu vier Baumreihen breit und bieten

Moderne Architektur – moderne Kunst:
das Rolex Learning Center und das Olympia-Denkmal.

Platz zum Bummeln und Geniessen für Stunden. Das Musée de l'Elysée ein paar Gehminuten bergwärts ist ein Muss: Das Museum im prachtvollen Palais widmet sich ganz der Kunst der Fotografie. Wenige Schritte östlich davon liegt das Olympische Museum. Es wird komplett renoviert und öffnet Ende 2013 wieder.

Umso mehr Zeit bleibt für den Besuch der Weinberge. Die terrassierten Rebberge des Lavaux zwischen Lausanne und Montreux, die 2007 von der UNESCO mit dem Titel Welterbe geadelt wurden, sind von einem Netz von Strässchen und Wanderwegen durchzogen, welche Erholung pur bieten. Von Weinberg zu Weinberg geht es, und in den Dörfern laden Restaurants mit Sonnenterrassen ein, die Aussicht bei einem Glas Wein zu geniessen.

Von April bis Oktober fährt der Lavaux Express, ein kleiner Touristenzug auf Rädern, von Lutry und Cully durch die Rebberge von Grandvaux, Epesses, Dézaley und Co. Der Lavaux Panoramic fährt von Chexbres aus durch Saint-Saphorin, Chardonne und Rivaz, und der Regionalzug von Vevey nach Puidoux, auch «Rebbergzug» genannt, fährt im Stundentakt durch die Weinberge des Lavaux.

Und dann bleibt da noch der See. Der Lac Léman gleicht in seiner Grösse und mit dem Dunst, der an vielen Tagen über den fernen Ufern liegt, einem Meeresarm. Und ein Abstecher nach Frankreich liegt so nah: Fast jede Stunde fährt ein Schiff von Ouchy nach Evian, und die Lichter des Casino-Schiffs, der letzten Verbindung von Evian zurück nach Ouchy, nähern sich erst kurz vor Mitternacht wieder dem Hafen vor dem schönen Château.

Was wo wie viel

Unterkunft **Château d'Ouchy,** Place du Port 2, 1006 Lausanne, T +41 21 331 32 32, info@chateau-douchy.ch, www.chateaudouchy.ch, Doppelzimmer ab CHF 330, Einzelzimmer ab CHF 290, Frühstück CHF 30.

Anreise Mit der Bahn bis Lausanne und mit der Metrolinie M2 vom Bahnhof Lausanne bis Ouchy, das Hotel liegt direkt gegenüber der Metrostation.

ÖV Tageskarten auf dem Lausanner Netz inklusive Vororten wie Renens (EPFL) und Lutry kosten CHF 8.80. Fahrpläne sind beim Verkehrsbüro in Ouchy erhältlich: Place de la Navigation 6, 1006 Lausanne, T +41 21 613 73 73, offen April bis September 9–19 Uhr, Oktober bis März 9–18 Uhr.

Essen/Trinken **Epicurious,** Port Franc 11, 1003 Lausanne, T +41 21 312 16 85, info@epicurious.ch, www.epicurious.ch, offen Di–Mi 11–24, Do 11–1, Fr 11–2, Sa 16–2 Uhr.

N2O Bar Restaurant, Place de l'Europe 7, 1003 Lausanne, T +41 21 311 44 27, info@n2o-bar.ch, www.n2o-bar.ch, offen Mo–Mi 9–24, Do 9–1, Fr 9–2, Sa 14–2, So 14–24 Uhr.

Sightseeing Neben verschiedenen Stadtrundgängen, die in Broschüren beschrieben sind, gibt es einen Spaziergang mit Audioguide zum Herunterladen auf den eigenen MP3-Player auf der Website von Lausanne Tourismus: www.lausanne-tourisme.ch.

Rebbergzüge Die Touristenzüge fahren von April bis Oktober sonntags morgens und nachmittags, die Rundfahrten dauern eine bis zwei Stunden. **Association Lavaux Express,** 1095 Lutry, T +41 21 791 62 62, info@lavaux-express.ch, www.lavauxexpress.ch, Fahrten sonntags 10.30, 13.30, 15.00 und 16.30 Uhr, CHF 13, Kinder CHF 5. **Lavaux Panoramic,** 1071 Chexbres, T +41 79 206 51 23, info@lavaux-panoramic.ch, www.lavaux-panoramic.ch, Fahrten sonntags 10.30 und 14.30 Uhr, CHF 12, Kinder CHF 6. Der **Regionalzug Vevey–Puidoux–Chexbres** fährt jede Stunde x.09 ab Vevey und x.36 ab Puidoux. Weitere Infos: Montreux-Vevey Tourisme, 1800 Vevey, T +41 84 886 84 84, info@montreux-riviera.com, www.montreuxriviera.com.

Ausflugsrestaurant **Le Baron Tavernier,** Route de la Corniche, 1071 Chexbres, T +41 21 926 60 00, info@barontavernier.com, www.barontavernier.com.

Weinkeller Zwölf Weinkeller im Lavaux haben am Wochenende für Besucher geöffnet. Die Öffnungszeiten schwanken jedoch. Infos liefert die Website www.montreux-vevey.com/de/gastronomie_wein/Weinkeller. Tipp: vor dem Besuch anrufen.

Museum **Musée de l'Elysée,** Avenue de l'Elysée 18, 1014 Lausanne, T +41 21 316 99 11, info@elysee.ch, www.elysee.ch, offen Di–So 11–18 Uhr, Eintritt CHF 8, Kinder CHF 4.

Schifffahrt **CGN SA,** Avenue de Rhodanie 17, 1006 Lausanne, Infoline T +41 848 811 848. Das Schiff nach Evian und zurück fährt ab Ouchy rund jede Stunde. Retour-Tickets kosten CHF 34, mit Halbtax die Hälfte. Fahrplan unter www.cgn.ch/horaires.

Tipp 17

Neuenburger Jura

Stadtlandschaft Uhrenindustrie

Unterkunft Hotel Beau-Rivage in Neuchâtel, ein kleines Fünfsternehaus direkt am Seeufer mit riesigen, luxuriös eingerichteten Zimmern, elegant-modernem Restaurant mit hervorragender Küche, Seeterrasse, grosser Pianobar mit Aussenbereich, kleinem Spa und sehr nobler Atmosphäre.

Anreise Mit der Bahn bis Neuchâtel und mit der Buslinie 7 in fünf Minuten zum Hotel.

Ankunft Apéro auf der Seeterrasse oder Spaziergang den See entlang bis zum Hafen und zur Post (im Verkehrsbüro Broschüren beziehen), Abendessen im O'terroirs im Hotel.

1. Tag

Fahrt nach Le Locle, Stadtbesichtigung, Imbiss im Le Lux, einem traditionellen Lokal mit sehr freundlichem Service, Besichtigung des Musée d'horlogerie du Locle (vom Zentrum 15 Minuten zu Fuss), Rückkehr nach Neuchâtel und Bummel durch die Altstadt zur Boutique 2XC. Zurück im Hotel Nutzung der Sauna und/oder Wohlfühlmassage, Abendessen wiederum im O'terroirs.

Langschläfer Vom Bahnhof Le Locle gleich zum Uhrenmuseum hinauf – auch von oben lassen sich einige der Gebäude gut betrachten.

Schlechtwetter Le Locle ist auch bei schlechtem Wetter einen Besuch wert.

2. Tag

Fahrt nach La Chaux-de-Fonds, Bummel durch die Stadt, Imbiss im Citérama, Besuch des Internationalen Uhrenmuseums.

Langschläfer Bummel durch die Stadt weglassen und vom Citérama aus die Stadt von oben betrachten.

Schlechtwetter Auch die Besichtigung von La Chaux-de-Fonds lohnt sich bei jedem Wetter.

Städteplanung im Dienste der Industrie: In La Chaux-de-Fonds sind die Häuserzeilen alle gegen Süden ausgerichtet.

Vom Schmuckstück bis hin zur philosophischen Betrachtung der Zeit: das Internationale Uhrenmuseum in La Chaux-de-Fonds.

Es ist zwar kostspielig, aber ganz einfach, sich übers Wochenende seinen ureigenen Uhrentraum zu erfüllen: Man buche einen zweitägigen Privatkurs im Centre d'Initiation d'Horlogerie auf dem Uhrmacherhof von Olivier Piguet in Le Sentier. Da lernt man ganz viel über die Uhrmacherkunst und das Innenleben einer Uhr, und vor allem darf man seine eigene Uhr zusammensetzen und mit nach Hause nehmen. Fast zu einfach klingt das, und zu banal, gemessen an dem Wert, den die Schweizer Uhrmacherkunst weltweit darstellt. Spannender – und eine ideale Vorbereitung für den besagten Kurs – ist eine Entdeckungsreise zu den Wurzeln der Schweizer Uhrenindustrie in den Neuenburger Jura.

Idealer Ausgangspunkt ist das Hotel Beau-Rivage in Neuchâtel. Nicht nur, weil es den genannten Kurs in einem Pauschalarrangement anbietet. Das Fünfsternehaus liefert den würdigen Rahmen, um in die Welt des Luxusguts Uhr einzusteigen. Direkt an der Uferpromenade und den Quaianlagen des Neuenburgersees gelegen, bietet es von den phänomenal grossen Seezimmern aus eine wunderbare Aussicht über den See auf die fernen Berge des Berner Oberlands. In seinem Gourmetrestaurant O'terroirs werden hochwertigste Produkte aus der Region aufgetischt. Und auf der gegenüberliegenden Strassenseite lässt sich in den Schaufenstern der Bijouterie Michaud ein erster Blick auf die vielen Verheissungen rund um die Uhrmacherkunst werfen.

Weltberühmte Kultur im Hinterland

In etwas über einer halben Stunde bringt die Bahn einen von Neuchâtel in das Hinterland – zum von der UNESCO anerkannten Weltkulturerbe: La

Edel wie eine Luxusuhr: das Hotel Beau-Rivage an der Uferpromenade von Neuchâtel.

Chaux-de-Fonds ist zusammen mit Le Locle seit 2009 das zehnte von bislang elf Schweizer UNESCO Welterben, und zwar dank ihrer «vollkommenen Symbiose zwischen Urbanistik und Industrie», wie es in den Dossiers heisst. Diese Besonderheit ist historisch bedingt: Die beiden Städte sind von und für Uhrmacher gebaut worden. Ihre Häuser widerspiegeln die Entwicklung der Uhrmacherei von der saisonalen Heimarbeit der Bauern bis zur modernen mikrotechnischen Industrie. Oder konkreter: Die Architektur wurde von der Grösse der Bauten und Fenster über den Standort bis zur Ausrichtung der Fassaden komplett dem unternehmerischen Geist unterworfen. Die ganze Stadt ist so gebaut, dass sie Uhrmachern beste Arbeitsbedingungen bietet. Beide Städte weisen denn auch auffällige, ganz unschweizerisch gerade, parallel verlaufende Strassenzeilen auf – mit durchwegs nach Süden gerichteten Glasfassaden.

Beginnen sollte man mit einem Spaziergang den Quai entlang. Wer lieber rollt, nimmt dazu einen der Micro-Scooter, die im Beau-Rivage in jedem Zimmer zum Ausleihen bereitstehen. Die überdimensionierte Sitzbank in der Mitte des Quais bietet ungeahnte Perspektiven, ebenso wie das Postgebäude aus dem Jahr 1896 am Hafen ein paar hundert Meter weiter. An seiner Fassade sind die Namen aller Länder angebracht, die zu dieser Zeit Mitglied der Weltpostunion waren. 34 waren es damals, darunter kleine Staaten wie Serbien und Montenegro. Wie schnell die Welt doch gewachsen ist. Im Gebäude befindet sich das Verkehrsbüro: Hier bekommt man alle wichtigen Infos über die Uhrenlandschaft.

Verschiedene Höhepunkte: das Château des Monts in Le Locle und die grosse Parkbank am Quai von Neuchâtel.

Erbe eines mutigen jungen Mannes

Le Locle, das ungleich kleiner ist als La Chaux-de-Fonds, macht einem den Einstieg in die Uhrenlandschaft leicht. Anstelle von 40 zählen hier nur 20 Bauten zur offiziellen Besichtigungstour der «Stadtlandschaft Uhrenindustrie», und auch das Uhrenmuseum ist zwar wunderschön, aber um einiges kleiner als jenes in der Nachbarstadt. So lässt sich quasi testen, was einem mehr liegt und am nächsten Tag im Mittelpunkt stehen sollte, Architektur oder Uhren. Und am Ende der Tour bleibt Zeit, zurück in Neuchâtel noch ein paar Uhrenläden anzuschauen und den Luxus im Beau-Rivage ausgiebig zu geniessen.

Le Locle ist die Wiege der Uhrenindustrie. Der Legende nach gelang es Daniel Jean Richard, einem jungen Mann aus La Sagne, Anfang des 18. Jahrhunderts, eine aus London stammende Uhr zu reparieren. Daraufhin entschied er sich, selber eine Uhr herzustellen, was bisher noch niemand in der Region versucht hatte. Er war der erste Handwerker im Neuenburger Jura, der sich das komplexe Know-how über die Mechanik einer Taschenuhr aneignete und in seiner 1705 in Le Locle eröffneten Werkstatt Uhren produzierte.

Sein Haus ist heute nicht mehr zu besichtigen, denn das Stadtzentrum fiel 1833 einer Feuersbrunst zum Opfer. Zu besichtigen sind jedoch ein paar eindrückliche Stadtbauernhäuser wie dasjenige an der Grand-Rue 20 mit einem breiten Satteldach und vielen Fenstern an der Südfassade. Dort sassen die Bauern in der Zeit, in der sie nicht auf dem Feld arbeiten konnten, zu Hause und betätigten sich in den Anfängen der Uhrenindustrie mit dem Zusammensetzen von Einzelteilen.

Im Patrizierhaus direkt daneben befand sich ab 1785 die Fima DuBois, das erste Uhrmacher-Comptoir des gesamten Jurabogens. Es folgen luxuriöse Wohnsitze der frühen Uhrenbarone wie derjenige des Uhrmachers J.-F. Houriet an der Crêt-Vaillant 28 mit einer prächtigen Doppeltreppe. Hier weilte 1810 Joséphine de Beauharnais, die damals frisch geschiedene Frau Napoleons, und später mehrmals der dänische Märchenautor Hans Christian Andersen.

Ein Schloss für die Uhrmacherei

Gleich mehrere Häuser von Tissot zeugen von der Entwicklung dieser Firma vom Pionierunternehmen zum Grosskonzern, und auch die ansässige Firma Zenith ist mit einem grossen Gebäude vertreten. Der Höhepunkt der Tour im mehrfachen Sinn ist das Château des Monts, das hoch über dem Villenquartier von Le Locle liegt. Dieses für den Uhrmachermeister Samuel Dubois im 18. Jahrhundert errichtete Palais beherbergt heute ein kleines, aber hervorragend präsentiertes Museum über die Uhr und die Zeit. Mindestens eine Stunde sollte man einrechnen, um die ausgestellten Preziosen und die 3D-Präsentationen zu geniessen sowie das original erhaltene Interieur des ehemaligen Wohnhauses zu bewundern.

Mit solcherart uhrarchitektonisch geschärftem Blick stechen auf dem Rückweg nach Neuchâtel in Le Crêt-du-Locle auch die jüngsten Zeugen der Uhrenindustrie ins Auge, die futuristischen Fabrikationsgebäude von Cartier und anderen. Zurück am See gibt's optische Entspannung pur. Im Dunst des Abends gleicht der See einem grossen Meeresarm, das gegenüberliegende

Alles dreht sich um die Uhren: Stadtkern von Le Locle und die Boutique 2XC Bijoux in Neuchâtel.

Ufer ist nur noch durch ein paar wenige Lichter erkennbar. In der kleinen Wohlfühloase im Kellergeschoss des Hotels könnte man sich jetzt eine Massage gönnen. Einen Abstecher ins Städtchen ist die Bijouterie 2XC Bijoux von Chrystel Clément wert. In der kleinen, aber sehr feinen Boutique werden neben besonders schönem Silber- und Goldschmuck die Uhren von Pierre Junod angeboten, die von Leuten wie Mario Botta oder Michael Graves gestaltet sind.

Philosophieren über die Zeit

Die zweite Uhrenstadt erfordert eine Fokussierung. Soll es mehr Uhr oder mehr Architektur sein? Das Zentrum von La Chaux-de-Fonds überrascht mit einem grossstädtischen Boulevard und einem modernen Rundbau, dessen Aussichtsplattform auf der 14. Etage einen wunderbaren Ausblick auf die streng in Reih und Glied stehenden Häuserzeilen bietet. Das dazugehörende Restaurant Citérama ist nicht besonders elegant, bietet aber hervorragende kleinere Mahlzeiten wie Lachscarpaccio und feine Salate.

Anlaufstelle für Pläne und Infos ist das Espace de l'urbanisme horloger, von wo an Mittwoch- und Samstagnachmittagen jeweils Touristenzüge zu einer einstündigen Fahrt durch die Stadt aufbrechen. Zu Fuss lassen sich die Sehenswürdigkeiten aber gezielter angehen: Das erste Fabrikationsgebäude von Léon Breitling etwa muss man gesehen haben, ebenso wie die drei Gebäude von Girard-Perregaux, welche die Entwicklung dieser Luxusmarke manifestieren. Auch Movado ist mit einem prachtvollen Gebäude präsent.

Den krönenden Schlusspunkt sollte der Besuch des Internationalen Uhrenmuseums bilden. Im preisgekrönten Betonbau aus den 1970er-Jahren schwelgt man durch Jahrhunderte der Zeitmessung und kann sich auch philosophischen Fragen über die Zeit widmen. Die Museumsboutique bietet neben viel Literatur diverse originelle und klassische Zeitmesser zum Verkauf an. Die QLocktwo, die die Zeit in Worte fasst: Es ist zwanzig nach zehn, steht zum Beispiel auf der quadratischen, mit Leuchtbuchstaben in scheinbar zufälliger Reihenfolge versehenen Metallscheibe. Die klassische Bahnhofuhr in allen Grössen und dazu die hauseigene MIH-Uhr für stolze 5000 Franken. Spätestens hier sollte man ein bleibendes Souvenir erstehen – es sei denn, man nimmt sich vor, doch lieber nochmals wiederzukommen und den zweitägigen Kurs bei Maître Olivier Piguet zu absolvieren.

Inspirierende Weite: Morgenstimmung über dem Neuenburgersee.

Was wo wie viel

Unterkunft **Hotel Beau-Rivage,** Esplanade du Mont-Blanc 1, 2000 Neuchâtel, T +41 32 723 15 15, info@beau-rivage-hotel.ch, www.beau-rivage-hotel.ch, 66 Zimmer, Juniorsuiten und Suiten. Doppelzimmer ab CHF 410, Einzelzimmer ab CHF 340, 3-Tages-Arrangement «Make your own luxury watch» ab CHF 7900 für 2 Personen.

Anreise Mit der Bahn bis Neuchâtel und mit der Buslinie 7 in fünf Minuten zum Hotel.

Sightseeing Stadtpläne mit den sehenswerten Bauten und Rundgängen gibt's im Verkehrsbüro in Neuchâtel: Hôtel des Postes, 2000 Neuchâtel, T +41 32 889 68 90, info@ne.ch, www.neuchateltourisme.ch, offen Mo–Fr 9–12 und 13.30–17.30, Sa 9–12 Uhr. Die meisten Broschüren können auch über die Website heruntergeladen werden. Infos auch unter www.urbanisme-horloger.ch.

Essen/Trinken **Le Lux,** Rue de France 24, 2400 Le Locle, T +41 32 931 26 26, info@lelux.ch, www.lelux.ch, geöffnet Mo–Fr 8.30–24, Sa 10–24, So 10–20 Uhr.

Citérama, Espacité 1, 2300 La Chaux-de-Fonds, T +41 32 913 12 43, offen Di–Sa 9–24, So 9–19 Uhr.

Museen **Musée d'horlogerie du Locle,** Château des Monts, Route des Monts 65, 2400 Le Locle, T +41 32 931 16 80, mhl@ne.ch, www.mhl-monts.ch, offen Mai bis Oktober Di–So 10–17 Uhr, November bis April Di–So 14–17 Uhr, Eintritt CHF 10, Kinder 10–16 Jahre CHF 5.

Musée international d'horlogerie, Rue des Musées 29, 2300 La Chaux-de-Fonds, T +41 32 967 68 61, mih@ne.ch, www.mih.ch, offen Di–So 10–17 Uhr, Eintritt CHF 15 (mit Audioguide), Kinder ab 12 Jahren CHF 10.

Shopping **2XC Bijoux,** Rue des Moulins 4, 2000 Neuchâtel, T +41 32 721 10 51, bijoux@2xc.ch, www.2xc.ch, offen Di–Fr 9.30–12 und 12.30–18.30, Sa 9.30–17 Uhr.

Michaud, Place Pury 1–3, 2000 Neuchâtel, T +41 32 722 61 68, info@michaud.ch, www.michaud.ch, offen Mo 13.45–18.30, Di–Fr 9–12.30 und 13.45–18.30, Sa 9–12.45 und 13.30–17 Uhr.

Tipp 18

Charmey

Auf der Schokoladenseite des Lebens

Unterkunft Hotel Cailler, ein modernes Viersternehaus hinter Chalet-Fassade mit grossen Zimmern mit Balkon, einem hervorragenden Gourmetlokal und einem sehr guten Restaurant. Direkter Zugang zu den Bains de la Gruyère.

Anreise Mit der Bahn bis Bulle und mit dem Postauto bis Charmey. Das Hotel liegt hinter den Bains de la Gruyère am Eingang des Dorfs.

Ankunft Apéro auf der Terrasse oder planschen in den Bains de la Gruyère (Freitag und Samstag bis 22 Uhr möglich).

Im Herbst ist es hier besonders schön: die Landschaft von Charmey im Freiburgerland.

1. Tag

Wanderung nach Valsainte und zurück bis Cerniat, von dort mit dem Bus nach Broc, mit der Bahn nach Broc-Fabrique (ab Cerniat total 36 Minuten), Besichtigung der Cailler-Fabrik, Rückkehr nach Charmey per Bahn/Bus.

Langschläfer Mit dem Bus bis Valsainte und zurück und weiter nach Broc.

Schlechtwetter Nur Besichtigung der Cailler-Fabrik und planschen in den Bains de la Gruyère.

2. Tag

Wohlfühlbehandlung in den Bains de la Gruyère, danach mit dem Bus bis Broc und mit der Bahn bis Gruyères, Besichtigung von Gruyères mit dem Château und dem Museum HR Giger, Imbiss in der Giger Bar oder Fondue in einem der beschaulichen Restaurants von Gruyères.

Langschläfer Ohne neuerlichen Besuch der Bains de la Gruyère direkt nach Gruyères.

Schlechtwetter Nochmals ausgiebig planschen und dampfen in den Bains de la Gruyère.

Den ganzen Tag schon liegt eine dicke Nebeldecke über dem Land. Doch dann, auf der Reise ins Weekend, ist auf der Höhe des Lac de la Gruyère plötzlich ein heller Kreis in der Decke zu sehen und fünf Kilometer weiter geht's durch den Nebelvorhang hinaus in eine wunderbar sonnige Herbstlandschaft. Die Reise nach Charmey lohnt sich zu jeder Jahreszeit. Doch im Herbst ist sie besonders schön: Die Region gehört zu den Voralpen, liegt also meist über der Nebeldecke und ist doch noch grün, bevor die Spätnachmittagssonne die Landschaft in ein goldenes Licht taucht.

Da, wo das Tal endet und die Zacken der Gastlosen schon ganz nahe sind, liegt Charmey, ein charmanter kleiner Ort mit knapp 2000 Einwohnern, ein paar eindrücklichen alten Häusern und zwei Hotels. Hinter dem Dorf kommt nur noch Jaun und dann der gleichnamige Pass. Doch so weit will man gar nicht – noch vor dem Dorfzentrum stehen das Hotel Cailler und die Bains de la Gruyère, ein vielseitiges und architektonisch attraktives Bäderzentrum.

Kulinarischer Künstler am Werk

Nein, die Betten sind nicht aus Schokolade. Doch im Eingangsbereich steht tagsüber ein Schokoladenbrunnen und zum Naschen gibt's Napolitains an der Réception und eine Tafel Schokolade auf den Zimmern. Vor allem aber bietet das Viersternehaus hinter traditioneller Chalet-Fassade ein modernes und sehr komfortables Inneres und ist ganz auf den Genuss ausgerichtet. Sein Restaurant Quatre Saisons ist mit 13 GaultMillau-Punkten ausgezeichnet und Gourmets von überall her, die hier essen, sind sich einig: Damit ist die Küche unterbewertet. Mindestens 14, vielleicht auch 15 Punkte sind die aufgetischten Köstlichkeiten wert. Das Tartare d'homard und die Médaillons de biche zergehen auf der Zunge und die Präsentation ist absolut perfekt, ebenso wie die Weine, die passend zu jedem Gang ausgeschenkt werden. Keine Frage: Chef Jean-Marie Pelletier ist ein Künstler.

Augenweiden auf Schritt und Tritt: goldene Hänge und das Kloster Valsainte.

Gut gelegen und mit vielen Vorzügen: Das Hotel Cailler bietet seinen Gästen verschiedene Privilegien.

Vom Untergeschoss des Hotels führt ein Tunnel zu den Bains de la Gruyère. So können Hotelgäste bequem in Bademantel und -schlappen zum Wasserpark hinüber wechseln, wenn sie Lust zum Planschen haben. Der Eintritt ins Bad ist im Übernachtungspreis inbegriffen und die Anlage bietet viele Möglichkeiten: Ein grosser Innenpool mit Sprudeln und ein noch grösserer Aussenpool mit Sprudelliegen, Wasserfällen und Sprudeltöpfen locken. Ein Hammam mit mehreren Dampfgrotten und einer grossen Erfrischungsdusche gehört dazu und für Erwachsene gibt's auch eine Sauna mit einem Nacktbereich. Mit offenem Zugang zum Aussenpool bietet sie allerdings wenig Privatsphäre. Umso angenehmer ist der Aufenthalt im Univers des soins, der Behandlungsabteilung. Eine steile Treppe führt hinauf ins Dachgeschoss, wo individuell eingerichtete, rund um einen Innenhof angeordnete Behandlungsräume mit viel Wärme und Licht auf Genussmenschen warten. Über 50 wohltuende Massagen und Treatments stehen zur Auswahl, darunter auch eine Duomassage mit einem Glas Prosecco zum Abschluss oder eine dreistündige balinesische Boreh-Behandlung inklusive einem exotischen Menü. Am schönsten ist das Bad beim Einnachten. Wenn der aufsteigende Dampf im Aussenbecken sich in der abkühlenden Luft verdichtet und die Silhouette des Moléson sich dunkel gegen den Abendhimmel abhebt, stellen die jungen Damen, die hier als «Gardiennes» arbeiten, Dutzende von Laternen an den Beckenrändern auf und schaffen so eine zauberhafte Atmosphäre.

Prachtanlage im heiligen Tal

Es gibt aber auch gute Gründe, sich weiter als 200 Meter vom Hotel zu

Am Abend sind sie besonders stimmungsvoll: die Bains de la Gruyère.

entfernen. Das fast surreal anmutende Kartäuserkloster Valsainte etwa. Zuhinterst im schmalen Tal, das von Charmey Richtung La Berra führt, liegt das einzige Kartäuserkloster der Schweiz. Die Anlage hat die Ausmasse eines Loire-Schlosses, obwohl sie im Jahr 2008 im Rahmen einer aufwendigen Sanierung redimensioniert wurde. 14 der insgesamt 35 so genannten Zellen, der einzelnen Häuser, mussten damals abgebrochen werden. Heute leben nur noch gerade acht Frères und acht Pères hier. Für Besucher ist das Kloster, wie alle Klöster des Kartäuserordens, leider nicht zugänglich. Doch die kleine Kapelle ist immer geöffnet und im Sommerhalbjahr betreiben die Mönche ein Magasin, in dem sie ihren Absinthe verkaufen.

Spass wie bei Disney

Zu Fuss ist das Kloster über den Weiler La Cierne und den Waldrand entlang in rund anderthalb Stunden zu erreichen. Von dort könnte man auf der anderen Talseite über Cerniat zurückwandern oder aber man nimmt das Postauto von Cerniat nach Broc, wo eine weitere Sehenswürdigkeit liegt: die Cailler-Fabrik. Das Fabrikgebäude steht eindrucksvoll im Talkessel vor einer steilen Felswand. Die Besucherscharen kommen schon vor dem Eingang ins Fotografieren. Im Innern des modernen Anbaus erwartet einen eine Besichtigungstour in bester Disney-Manier. Man checkt in Gruppen ein und begibt sich dann zum Boarding in einen grossen Lift im Stil eines Tempels. Der bringt die Gäste hinunter in die Tiefen der Geschichte der Schokolade – in den Dschungel des Aztekenreichs, wo die Gottheit Quetzalcoatl die Xocolatl erfindet. Die Reise geht dann über den Ozean nach Europa und durch die

Französische Revolution bis in die Neuzeit und ins Greyerzerland, wo die Cailler-Fabrik entsteht. Sie endet an der – realen – Anlage, die die Mini-Branches herstellt, wo ein freundlicher Cailler-Fachmann eine Schale voller Branches für die Besucher stets wieder füllt. Wer ein Branchli als bleibendes Souvenir mit nach Hause nehmen will, ist im Museumsladen bestens bedient. Dort gibt's neben vielen Schokolademischungen, Schürzen, Rezeptbüchern und Postkarten auch USB-Sticks in Form eines Mini-Branchlis. Übrigens ist der Eintritt für Gäste des Hotels Cailler auch hier gratis.

Hinter der Cailler-Fabrik liegt neben der Bahnstation Broc-Fabrique der Nestlé-Fabrikladen. Die Preise sind zwar nur rund zehn Prozent unter den üblichen Ladenpreisen, doch ein Besuch lohnt sich trotzdem. Nirgends lässt sich besser sehen, wie breit das Sortiment von Nestlé heute ist. Der ehemalige Babynahrungsmittelkonzern füllt mit seinen Produkten einen ganzen Tante-Emma-Laden.

Nach so viel Süssem liegt die Entdeckung des würzigen Greyerzerlands nah: Ein Besuch des Städtchens Gruyères ist ein Muss. Die Schaukäserei ist zwar nach der perfekten Inszenierung im Maison Cailler eher nüchtern. Wenn nicht gerade gearbeitet wird, müssen die Besucher mit einfachen Videos vorliebnehmen. Doch im angrenzenden Laden kann man sich alleweil mit Spezialitäten der Region eindecken. Dann geht's hoch ins mittelalterliche Städtchen. Mit dem groben Kopfsteinpflaster, das ganz den Fussgängern gehört, ist es gerade wegen der vielen Touristen eine wunderbar belebte Bühne des Wochenendlebens.

Unbedingt sehenswert: Die Cailler-Fabrik bietet fabelhafte Unterhaltung, die Museum HR Giger Bar eine fantastische Filmkulisse.

Kaffee in der Kulisse von «Alien»

Das Château will besichtigt sein. Acht Jahrhunderte Geschichte und Kultur bringt einem der Rundgang durch die verschiedenen Räumlichkeiten näher. Und auch hier wird modern inszeniert: In einer 18-minütigen Multimediashow führt der Hofnarr des Grafen von Greyerz, Chalamala, durch die Geschichte des prächtigsten Schlosses weit und breit.

Zum Schloss Greyerz gehört auch das Château St. Germain, das der Künstler H. R. Giger Ende des letzten Jahrtausends gekauft hat. Seit 1998 können hier im Museum HR Giger seine wichtigsten Werke besichtigt werden. Im Museumsladen werden bis zu 6000 Franken teure Werke verkauft. Günstiger ist der Besuch der Giger Bar im Torbogen des Schlosses, einer dreidimensionalen Kopie des Bühnenbilds von «Alien». Auf einem der verrückten Reptilienstühle lässt es sich genüsslich einen Kaffee schlürfen und ein Souvenirbild schiessen – ein frecher Kontrast zum sonst so beschaulichen Touristenmagneten Gruyères mit den traditionellen Käsespezialitäten und den Kuhglocken in den Auslagen der Geschäfte.

Majestätisch wirkt das Château de Gruyères vom Tal unten, majestätisch ist aber auch die Aussicht von der Anlage aus. Rundherum breiten sich die Freiburger Täler aus, reihen sich die Berge aneinander. Die Landschaft gehört zum Regionalen Naturpark Gruyère Pays-d'Enhaut, der als Ursprungsregion des Gruyère AOC und des Etivaz AOC für sich wirbt. Neben der Grand Tour, die für geübte Wanderer in zehn Etappen durch die Natur- und Kulturlandschaften führt, gibt es auch Les Chemins du Gruyère, kürzere Wanderrouten über Alpweiden und zu Käsereien, die sich miteinander kombinieren lassen. Die Wanderung nach Valsainte ist eine von ihnen.

Wer in Gruyères nicht schon Käse gekauft hat, sollte dies im Dorfladen unterhalb des Hotels unbedingt noch nachholen. Mit entsprechend vielen Schokolade- und Käsesouvenirs geht es dann heimwärts und bei Bern-Bümpliz wieder unter die Nebeldecke. Doch der Besuch auf der Schokoladenseite wirkt lange nach.

Das Schloss Greyerz thront hoch über den Tälern des Freiburgerlands.

Was wo wie viel

Unterkunft **Hotel Cailler,** Gros Plan 28, 1637 Charmey, T +41 26 927 62 62, reservation@hotel-cailler.ch, www.hotel-cailler.ch, Viersternehaus mit 63 modernen Zimmern, Suiten und Appartements, 2012 umfassend renoviert, Restaurant Quatre Saisons mit 13 GaultMillau-Punkten, Bistro mit regionalen Spezialitäten, Bar, direkter Zugang zu den Bains de la Gruyère, Doppelzimmer ab CHF 340 inkl. Frühstück, Einzelzimmer ab CHF 220.

Anreise Mit der Bahn bis Bulle und mit dem Postauto bis Charmey. Das Hotel liegt hinter den Bains de la Gruyère am Eingang des Dorfs.

Ausflüge Diverse Broschüren liegen im Hotel auf. Alle Routen und Tipps sind im örtlichen Verkehrsbüro erhältlich: Charmey Tourisme, Les Charrières 1, 1637 Charmey, T +41 26 927 55 80, office.tourisme@charmey.ch, www.charmey.ch, offen Mo–Fr 9–12 und 13.30–17 Uhr, Sa 8–12 und 13.30–16.30 Uhr.

Baden **Les Bains de la Gruyère,** Gros Plan 30, 1637 Charmey, T +41 26 927 67 67, info@bainsdela-gruyere.ch, www.bainsdela-gruyere.ch, offen Mo–Do 9–21, Fr–Sa 9–22, So 9–20 Uhr, Univers des soins 9–19 Uhr, Eintritt CHF 25 für 3 Stunden, CHF 36 für 5 Stunden, Kinder 4–16 Jahre CHF 13 bzw. CHF 25, für Hotelgäste gratis.

Sehenswertes **Schokolade-Fabrik Maison Cailler,** Rue Jules Bellet 7, 1636 Broc, T +41 26 921 59 60, maison-cailler@nestle.com, www.cailler.ch, offen täglich 10–18 Uhr, im Winter bis 17 Uhr, Eintritt CHF 10, Kinder bis 16 Jahre gratis, für Hotelgäste gratis.

Schaukäserei La Maison du Gruyère, Place de la Gare 3, 1663 Pringy-Gruyères, T +41 26 921 84 00, office@lamaisondugruyere.ch, www.lamaisondugruyere.ch, offen Juni bis September 9–19 Uhr, Oktober bis Mai 9–18 Uhr, Eintritt CHF 7, Kinder ab 12 Jahren CHF 6. Gekäst wird zwischen 9 und 11 Uhr und zwischen 12.30 und 14.30 Uhr drei- bis viermal.

Château de Gruyères, 1663 Gruyères, T +41 26 921 21 02, chateau@gruyeres.ch, www.chateau-gruyeres.ch, offen April bis Oktober 9–18 Uhr, November bis März 10–16.30 Uhr, Eintritt CHF 10, Kinder 6–16 Jahre CHF 3.

Museum HR Giger, Château St. Germain, 1663 Gruyères, T +41 26 921 22 00, info@hrgigermuseum.com, www.hr-gigermuseum.com, offen April bis Oktober täglich 10–18 Uhr, November bis März Di–Fr 13–17, Sa–So 10–18 Uhr, Eintritt CHF 12, Kinder CHF 5.50.

Tipp 19

Melide

Wasser, Wellen und Sonnenliegen

Unterkunft Hotel dellago, ein kleines Haus fernab der Sterne-Kategorien mit 20 originellen Zimmern, Suiten und Appartements in Haupt- und Nebengebäuden, gestyltem Restaurant mit Seeterrasse und hervorragender Küche, Bar und Lounge direkt über dem Wasserspiegel.

Anreise Mit der Bahn via Lugano bis Melide und per Bus zum Hotel (Haltestelle Piazza Moretti).

Ankunft Apéro und Nachtessen in der Gondoletta Lake Lounge, anschliessend den Abend in der dellago Lake Lounge ausklingen lassen.

1. Tag

Mit dem Bus zum Parco Scherrer, Besichtigung des Parks und des Städtchens Morcote, eventuell Spaziergang hinauf nach Vico Morcote und zurück, Fahrt nach Lugano und Bummel durch die Stadt. Apéro und Nachtessen im Hotel, anschliessend eventuell Bummel den See entlang zum Lido an den Melidestate.

Langschläfer Besichtigung des Parco Scherrer und von Morcote, baden und sonnen im Hotel, abends Nachtessen und Bummel zum Lido.

Schlechtwetter Ausflug ins FoxTown Mendrisio zum Shopping.

2. Tag

Besichtigung von Swissminiatur, Fahrt nach Lugano und grosse Seerundfahrt (3 Stunden).

Langschläfer Besichtigung von Swissminiatur.

Schlechtwetter Frühe Abreise und Besuch des Splash e Spa Tamaro.

Weekendfreuden: An der Terrasse des Hotels dellago legen auch Yachten an.

Leuchtendes Wasserspiel:
Ein Schiff zieht vergängliche Muster in den See.

Die Szene ist filmreif: Eine schnittige Motoryacht fährt von der italienischen Seite des Sees heran. Zwei Frauen und zwei Männer sitzen darin. Das Boot legt an der schmalen Holzplattform knapp über der Wasserlinie an und während die beiden Männer vom Boot steigen und bei der Bardame gleich «come d'abitudine», dasselbe wie immer, bestellen, rufen die beiden Frauen ihnen hinterher: «No, è troppo tardi! – Es ist zu spät, die Mamma wartet!» Doch dann steigen auch sie aus und genehmigen sich einen Apéro.

Im Hotel dellago in Melide wird der direkte Seeanstoss so gut genutzt wie sonst kaum wo. Unter der eigentlichen Seeterrasse, dem über die ganze Hauslänge gezogenen Balkon, ist eine zweite, breitere Holzplattform installiert und mit bequemen Sesseln, Liegen und Tagesbetten möbliert. Eine Leiter führt hinunter, an zwei Holzpfeilern können Boote anlegen, an einer kleinen Bar werden kühle Getränke ausgeschenkt. Dies verschafft dem Haus mit Dreisternekomfort eine glamouröse Atmosphäre.

Eigentlich liesse es sich das ganze Wochenende hier gut sein. Auf den Tagesbetten fläzend, mit einem gelegentlichen Sprung ins Nass, der Sonne auf dem Bauch und einem kühlen Getränk in der Hand. In der Ferne am anderen Seeufer rasen die Autos auf der Autobahn Richtung Süden. Hören kann man den Verkehr nicht. Doch mit den Autos im Blickfeld, die ihrem Ziel entgegenfahren, ist der Genuss, hier angekommen zu sein, fast noch grösser als ohne Aussicht auf die Strasse.

Auch die Unterkünfte sind fernab vom Alltäglichen: Die Zimmer tragen je nach Farbgebung und Mobiliar Namen wie «Cool & Waters», «Campari & Orange» oder «Coffee & Cream». Es gibt kleinere und grössere, mit oder ohne

Farbenfroh und ungewöhnlich ist das Angebot im Hotel dellago.

Balkon, ganz grosse mit Panoramafenster und offenem Bad, über 60 Quadratmeter grosse, edel gestylte im Haus hinter dem Hauptgebäude und sogar ein zweistöckiges Appartement. Lärmempfindliche sollten auf jeden Fall ein Zimmer zum See hinaus wählen, denn auf der engen Strasse zwischen der Häuserzeile, die sich den See entlang Richtung Morcote zieht, kann auch ein einzelnes Motorrad nachts sehr laut klingen.

Zwischen Titlis und Munot spazieren

Die Küche des Hauses ist ein weiterer Grund, sich nie allzu weit zu entfernen. Das schicke Restaurant ist bekannt für seine hervorragenden Fisch- und Meeresfrüchte-Spezialitäten, einen Tisch auf der Terrasse zu bekommen ist abends auch für Hotelgäste nur mit vorgängiger Reservierung möglich. Zum Glück gibt es mehrere Sehenswürdigkeiten in Gehnähe. Der Park Swissminiatur zum Beispiel. In Zeiten, in denen ganze Filmwelten in 3D-Qualität digital erfunden und Städte, wie etwa in Las Vegas, quasi 1:1 kopiert werden, strahlt dieser altmodische Park einen ganz besonderen Charme aus. Zwischen dem Bundeshaus, dem Titlis, dem IKRK-Sitz in Genf und dem Munot von Schaffhausen tummeln sich japanische Reisegruppen und indische Grossfamilien mit ihren Kameras. Rund um den Park fährt eine kleine Eisenbahn. Ein riesiger Spielplatz gehört ebenso dazu wie ein Terrassenrestaurant. Und der 1959 eröffnete Park bietet nicht nur nostalgisches Wiedersehen mit Bekanntem, sondern auch Überraschungen. Da gibt's auch Autobahnraststätten zu sehen wie diejenige von Mario Botta in Piotta oder den Pavillon «Manna» von der Expo 2002.

Traumhaftes Erbe eines Träumers

Der Parco Scherrer ist ein Muss für Gäste in und um Morcote. Mit dem Bus ist er in nur sieben Minuten zu erreichen – allerdings fährt dieser vor allem

Diese Pärke gehören zum Pflichtprogramm: Swissminiatur in Melide und Parco Scherrer in Morcote.

an Wochenenden nicht sehr häufig. Doch der grosse Garten, der in den 1930er-Jahren vom St. Galler Textilhändler Hermann Arthur Scherrer angelegt und stetig ausgebaut wurde, ist auch an heissen Tagen einen Besuch wert. Die terrassierte Parkanlage führt in eine Art Zwischenwelt, halb besteht sie aus einem botanischen Garten, halb aus einer Traumszenerie mit exotischen Frauenstatuen, griechischen und ägyptischen Tempeln und einem fernöstlichen Teehaus. Zwischen Zedern, mexikanischen Pinien, chinesischen Magnolien und Bambussträuchern geht der Blick hinaus auf den Luganersee und die markanten Hügel, die ihn umrunden, und man fragt sich, was nun was veredelt, die Umgebung den Park oder die exotische Anlage die Umgebung.

Etwas in die Höhe steigen sollte man zudem, über die berühmte Scala Monumentale mit den 404 Treppenstufen hinaus, zum Beispiel nach Vico Morcote. Von der Kirche aus geniesst man einen wunderbaren Blick auf den See hinunter. Ganz grün ist er von hier oben aus und die Wellen, die vorbeifahrende Boote werfen, verbreiten sich an dieser schmalen Stelle des Sees fast über die ganze Wasserfläche.

Grosse Architektur

Eine andere Perspektive und viel Genuss bietet die dreistündige Seerundfahrt ab Lugano. Sie führt sowohl nach Gandria wie auch an Melide und Morcote vorbei bis nach Ponte Tresa und wieder zurück nach Lugano. Diese Reise lässt sich gut mit einem City-Bummel verbinden. Weniger des Shoppings wegen als der neueren Architektur: Das Kulturzentrum von Lugano – oder LAC für Lugano Arte e Cultura –, das nach den Plänen des Tessiner Architekten Ivano Gianola gebaut wird, orientiert sich am berühmten Kunst- und Kulturzentrum von Jean Nouvel in Luzern und soll der Stadt zu neuem Prestige verhelfen. Wie sein Luzerner Vorbild steht es nah am Wasser an der Riva Antonio Caccia, flankiert vom Giardino Belvedere und der Via Nassa, der Edelshoppingmeile von Lugano. Das Gebäude, das 2014 eingeweiht werden soll, wird einen grossen Theater- und Konzertsaal beherbergen, Ausstellungsräume für die Kunstsammlung der Stadt und temporäre Ausstellungen, ein Theaterstudio sowie einen multifunktionalen Saal – und im obersten Stock wird ein Panoramarestaurant Gäste empfangen.

Genuss oben wie unten

Nach oben steigen lässt es sich im Tessin auf vielerlei Weise – kaum eine Ecke der Schweiz verfügt über so viele Aussichtsberge mit Bahn: der Monte Brè mit der Standseilbahn, der Monte Generoso mit der Zahnradbahn und weiter nördlich der Monte Tamaro und der Monte Lema. Wer den See erleben will, nutzt jedoch die Zeit in und um Melide. In der Gondoletta Lake Lounge zum Beispiel. Sie liegt am Dorfausgang von Melide und gehört ebenfalls zum Hotel dellago. Auf der Holzplattform über dem Wasser lädt eine Sofa-Kissen-Landschaft zum Verweilen und Geniessen ein. Eine Bootsanlegestelle gibt's auch, und neben kühlen Drinks werden auch regionale Grotto-Spezialitäten und Snacks serviert.

Im Lido von Melide, das vom Hotel aus in rund zehn Minuten entlang dem Ufer zu erreichen ist, gibt's ein geheiztes Schwimmbad für den Fall, dass der See noch zu kühl erscheint. Eine Fahrt entlang dem See zum Einkaufsbummel

Rundum schöne Aussichten: Blick auf die Kirche von Morcote und von der Gondoletta Lake Lounge aus über den See.

im nahen FoxTown-Shoppingcenter in Mendrisio bietet sich an – zumindest bei weniger gutem Wetter. 160 Geschäfte verkaufen dort Markenprodukte mit mindestens 30 Prozent Rabatt. Oder man besucht – ebenfalls bei schlechtem Wetter – das neue Splash e Spa in Tamaro. Der Wasserpark unter den auffälligen Kuppeln bietet auf 10 000 Quadratmetern und mit fünf spektakulären Rutschen mit Sound- und Lichteffekten ein unvergessliches Rutscherlebnis sowie eine grosszügige, gediegene Saunalandschaft.

Jahrmarkt der Köstlichkeiten

Und dann sind da noch zwei Abende am Wasser zu verbringen, mit den tausend Lichtern rund um den See und den hohen Hügelzügen, die sich dunkel gegen den Sternenhimmel abheben. Im Juli findet auf dem Gelände des Lidos der Melidestate statt, eine überaus gelungene Mischung aus Open-Air-Festival, Jahrmarkt und kulinarischer Weltreise. An Verkaufsständen werden vor allem südamerikanisches Kunsthandwerk, Schmuck, Holzspielzeug und Zauberartikel angeboten. An fliegenden Küchen lassen sich Spezialitäten aus Mexiko, Nordafrika und Vietnam kosten. Und das Programm Soundcheck bringt Bands und DJs auf die Bühne und lässt die Bässe übers Wasser wummern.

Den Abend perfekt besiegeln lässt es sich in der Bar knapp über der Wasserlinie im dellago. Die italienischen Yachtbesitzer sind wieder da, bestellen gerade ihre nächste Runde. Sie hätten das Boot auch schon liegen lassen müssen, erklärt die Bardame. Beschwipste Gäste lässt sie nicht wieder aufs Wasser. Das sei viel zu gefährlich, meint sie. Und sie wolle sie ja wiedersehen. Das möchten wir auch – wir kommen bestimmt wieder.

Palmen gehören zum Erinnerungsbild: Abendstimmung in Lugano.

Hier ruht man gerne aus: Aussicht von der Terrasse des Hotels dellago.

Was wo wie viel

Unterkunft **Hotel dellago,** Lungolago Giuseppe Motta 9, 6815 Melide, T +41 91 649 70 41, welcome@hotel-dellago.ch, www.hotel-dellago.ch, Doppelzimmer ab CHF 200 (Sommer, mit Seesicht) inkl. Frühstück.

Anreise Mit der Bahn via Lugano bis Melide und per Bus zum Hotel (Piazza Moretti, 2 Minuten ab Bahnhof).

Essen/Trinken **La Gondoletta Lake Lounge & Guest House,** Lungolago Giuseppe Motta 40, 6815 Melide, T +41 91 649 70 41, welcome@la-gondoletta.ch, www.la-gondoletta.ch, offen Mi–Fr 16.30–23.30 Uhr, Juli und August auch Mo und Di.

Sehenswertes **Swissminiatur,** 6815 Melide, T +41 91 640 10 60, info@swissminiatur.ch, www.swiss-miniatur.ch, Mitte März bis Ende Oktober täglich 9–18 Uhr, im Winter 13–16 Uhr (Mitte Dezember bis Mitte Januar geschlossen), Eintritt CHF 19, Kinder 6–15 Jahre CHF 12.

Parco Scherrer, 6922 Morcote, T +41 91 996 21 25, municipio@morcote.ch, www.morcote.ch, offen Mitte März bis Ende Oktober täglich 10–17 Uhr, Juli und August bis 18 Uhr, Eintritt CHF 7, Kinder bis 16 Jahre CHF 2.

Seerundfahrt **Società Navigazione del Lago di Lugano,** Viale Castagnola 12, 6900 Lugano, T +41 91 923 17 79, info@lake-lugano.ch, www.lake-lugano.ch, grosse Seerundfahrt täglich von Anfang April bis Mitte Oktober. Ab Lugano 14.40 Uhr, Ankunft 17.28 Uhr, CHF 42.40, mit Halbtax/GA CHF 25.50, Kinder 6–16 Jahre CHF 21.20.

Shopping **FoxTown Factory-Stores,** Via Angelo Maspoli 18, 6850 Mendrisio, T +41 848 828 888, info@foxtown.ch, www.foxtown.ch, 500 Meter vom Bahnhof, offen täglich 11–19 Uhr.

Wasserpark **Splash e Spa,** Via Campagnole, 6802 Rivera Monteceneri, T +41 91 914 47 89, www.splashe-spa.ch, 300 Meter vom Bahnhof Rivera-Bironico, Eintritt für 4 Stunden CHF 35, Kinder 6–15 Jahre CHF 25, ganzer Tag CHF 45 bzw. CHF 35.

Tipp 20

Locarno & Co.

Südliche Winterwonne

Unterkunft Hotel Giardino Lago in Minusio, kleines Boutique-Hotel mit 14 Zimmern und einer Suite, direkt am See, sehr gutes Restaurant.

Anreise Mit der Bahn nach Locarno und von dort mit dem Taxi in die Via alla Riva.

Ankunft Apéro auf der Dachterrasse oder am Kaminfeuer. Nach dem Abendessen Spaziergang entlang dem See.

1. Tag

Mit Leihvelo vom Hotel nach Locarno und weiter nach Ascona, Bummel den See entlang, Mittagsimbiss bei 7 Easy, Shopping und/oder Altstadtbummel in Ascona und Locarno, Abendessen im Hotel.

Langschläfer Nur Ascona oder nur Locarno besuchen, ebenfalls mit dem Leihvelo des Hotels.

Schlechtwetter Einkaufsbummel unter den Arkaden von Locarno, danach Entspannung im dipiù Spa by Giardino in Ascona.

2. Tag

Besuch der drei mittelalterlichen Burgen, Einkehr in der Osteria Castello di Sasso Corbaro in Bellinzona, Rückkehr nach Ascona und Besuch des Monte Verità oder Spaziergang nach Ronco.

Langschläfer Besuch der mittelalterlichen Burgen in Bellinzona.

Schlechtwetter Nochmals in den Spa des Giardino in Ascona oder Besuch des Lido Locarno mit Wasserrutschen, Hallen- und Freibad.

Winterliche Freuden: Auf der Promenade von Ascona gibt's im Dezember viel Sonne und Platz.

Abendstimmung in Ascona: Der Lago Maggiore ist auch im Winter ein attraktives Reiseziel.

8 Grad zeigt das Thermometer südlich des Gotthards, das sind 9 Grad mehr als zu Hause. Diesen Wert kennt man zwar aus der Wettervorhersage, doch an einer Hauswand im Vorbeifahren gibt er einem ein viel wärmeres Gefühl als auf dem Fernsehbildschirm. Weiter unten scheint die Sonne, sitzen Spaziergänger auf den Bänken der Seepromenade und blinzeln aufs glitzernde Wasser. Auf dem Parkplatz vor dem Hotel steht ein halbes Dutzend Autos mit Deutschschweizer Kennzeichen, das kleine Haus ist offenbar gut gebucht.

Das Tessin ist die Schweizer Sonnenstube, doch das, so meinen die meisten, gelte nur für den Sommer. Dass die Sonne auch im Winter öfter zu sehen ist als nördlich der Alpen und die Temperaturen einen guten Teil von sommerlichen Freizeitaktivitäten im Freien zulassen, ist nur wenigen bewusst. Das Tessin als Winterreiseziel ist noch ein Geheimtipp. Und doch: Selbst renommierte Hotels bleiben vereinzelt auch im Winter geöffnet. Das Giardino Lago etwa, eine kleine Schwester des Fünfsternehauses Giardino in Ascona, empfängt seit seiner Eröffnung im Dezember 2011 durchgehend Gäste.

Gourmetadresse am See

Das Haus, das als Boutique-Hotel bezeichnet wird und absichtlich nicht mit Sternen ausgezeichnet ist, entstand aus dem ehemaligen Hotel Navegna. Es hat 14 Zimmer und eine Suite, ein grosses Restaurant mit Seeterrasse und darüber eine sehr grosse Freiluft-Lounge. Das Restaurant lockt auch auswärtige Gäste an. Es profitiert von der Lage direkt hinter dem Seebad von Minusio und war schon immer ein wichtiger Anlaufpunkt für Spaziergänger auf der Seepromenade, die sich von hier bis nach Locarno hinein zieht. Vor allem aber ist es seit der Komplettsanierung des Hauses eine begehrte Gourmetadresse: In einem Infrarot-Ofen, der bis zu 800 Grad heiss wird und in Europa noch kaum bekannt ist, werden US Premium Black Angus Beef, kanadischer Bison oder Simmentaler Kalbfleisch so gegart, dass sie einzigartig zart und saftig werden. Wer möchte, kann den Ofen in der Küche bestaunen und sich vom Koch erklären lassen, wie es geht: Das Fleisch wird maximal zwei Minuten im Ofen erhitzt und dann im so genannten Tempomat bei rund 65 Grad fertig gegart.

Karibisches Flair soll das Haus verströmen, die vorherrschende Farbe von Kissen, Teppichen und Vorhängen ist türkisblau. Auch der Welcome-Drink, der den Gästen am Kamin serviert wird, hat diese Farbe. Die Sitzbänke rund um das offene Feuer sind besonders gemütlich. Nach dem Nachtessen, wenn es auf der Dachterrasse schon zu kühl ist, sitzt man gerne noch dort für einen Schlummertrunk. Denn die Zimmer sind vor allem zum Schlafen da, sie sind klein.

Ausflugsziel mit Überraschungen

Neben dem Giardino Lago ist im Winter auch der Spa des Giardino in Ascona geöffnet – dies schon seit ein paar Jahren. Die Wintergäste aus Minusio haben da freien Zugang. Der Pendelbus zwischen den beiden Hotels fährt im

Das Hotel Giardino Lago in Minusio bietet karibischen Touch und ist ganzjährig geöffnet.

Nicht nur als Schlechtwetterprogramm einen Abstecher wert: der Spa im Giardino in Ascona.

Winter zwar nicht, doch ein Besuch des dipiù Spa by Giardino bietet die gute Gelegenheit, nebenbei das winterliche Ascona zu entdecken. Erstaunlich, was da alles geöffnet ist. Das Eden Roc, das Fünfsternehaus direkt am See, empfängt mitsamt zwei der vier Restaurants Gäste. Das Albergo-Caffè Carcani gegenüber dem Parkplatz, ein Dreisternehaus, hat auf dem Trottoir fürs Mittagessen aufgedeckt. Und das gestylte 7 Easy, das Pasta- und Pizza-Restaurant von Starkoch Ivo Adam, ist im Innenbereich fast bis auf den letzten Platz besetzt. Eingefleischte Fans holen sich hier ihre Gourmetpizza auch über die Gasse.

Sonne und Ruhe

Im Viersternehaus Meridiana über dem 7 Easy köpft ein Paar auf dem Balkon seines Hotelzimmers genüsslich eine Flasche Prosecco. Das Plopp des Korkens ist bis auf die Promenade hinunter zu hören, so ruhig ist es hier. Eine friedliche Ruhe: Ein paar Familien mit Kindern spazieren den Quai entlang, zwei sportliche Velofahrer treten in die Pedale, auf den zum Wasser gerichteten Bänken sitzen Geniesser und blinzeln in die Sonne – es hat viel Platz für alle und es herrscht Ferienstimmung. Nur die roten Pedalos, die hier im Sommer so verlockend im Wasser dümpeln, fehlen. Es lohnt sich übrigens, auch hier zu sitzen, wenn die Sonne gerade nicht scheint. Die Nebelschwaden hängen dann in fast geometrischer Gleichmässigkeit zwischen den Hügeln, die sich von Brissago nach Süden ziehen, die Landschaft gleicht einem chinesischen Gemälde, auf dem die Hügel mit zunehmender Ferne heller werden.

Bei der Casa del Gusto in der Via Beato P. Berno stehen die Türen weit offen. Allerlei handgefertigtes Öl, Teigwaren und auch Reis aus Ascona werden hier verkauft. Ausserdem besonders schöne und originelle Stücke rund um die Tischkultur wie personalisierte Küchenschürzen oder Schneidebretter im Stil von Vinyl-Schallplatten. Eine prima Gelegenheit also, ein paar Weihnachtsgeschenke oder Mitbringsel zu erstehen.

Einige Kleiderboutiquen sind ebenfalls geöffnet, dazu die Galerie Borgo, eine Institution in Ascona. Weiter oben im Dorf decken sich Wochenendgäste im Ity Outlet mit preiswerter Mode von diversen italienischen Luxusdesignern ein. Kurz: Für etwas Samstags-Shopping ist in Ascona gesorgt.

Eisvergnügen ohne kalte Hände

Im benachbarten Locarno dreht sich das Leben, fast wie im Sommer, hauptsächlich um die Piazza Grande. Dort gastiert bis Anfang Januar nicht Art on Ice, sondern gleich ganz Locarno on Ice. Auf dem Platz mit dem groben Kopfsteinpflaster ist auf einer gigantischen, mit rotem Teppich belegten Bühne eine Kunsteisbahn eingerichtet. Gross und Klein ziehen unter einer riesigen Discokugel ihre Runden. Wer sich keine Kufen anschnallen will, schaut dem Treiben zu und kommt an den vielen Imbissständen am Rand der Eisbahn auf seine Kosten.

Am schönsten ist Locarno on Ice am Abend. Dann sorgen einheimische Künstler und Nachwuchstalente auf der Bühne mit Gratiskonzerten für Stimmung. Lampen, die farbig beleuchteten Fassaden rund um die Piazza Grande und das Glitzern der Discokugel tauchen die Piazza in eine magische Stimmung. Und spätestens nach dem zweiten warmen Getränk verspüren auch bequeme Seelen das dringende Bedürfnis, auf Kufen auf der Eisfläche herumzurutschen.

Wenn der Nebel über den Hängen liegt, gibt's bei Locarno on Ice Wintervergnügen ganz ohne kalte Hände.

Wer es lieber etwas clubbiger mag, ist in der Delta Lounge in Ascona an der richtigen Adresse. Das grosse Lokal neben dem Lido ist schon am Freitagabend rappelvoll. Die Weine im Offenausschank munden hervorragend, die Preise sind moderat und an der Bartheke darf man sich tellerweise mit Apérohäppchen eindecken. Nur die Musik ist definitiv zu laut.

Der Gratis-Zugang zum Spa im Giardino Ascona sollte genutzt werden. Die Anlage ist pompös und vor allem die Dampf- und Schwitzmöglichkeiten sind vielfältig. Wer nicht das Privileg hat, einen Hotel-Spa nutzen zu können, ist im Lido Locarno gut aufgehoben: Das Seebad ist zu einem Wasserpark ausgebaut worden, der mit Hallenbad, Sprudelpools und Rutschbahnen ganzjährigen Spass bietet. Einzigartig: Auf der Bahn Maggia gibt's sogar einen Looping, auch «Giro della morte» genannt.

Ein Einkaufsbummel in Locarno lohnt sich auch bei Regenwetter. Unter den Arkaden bleibt es trocken und die Cafés und Restaurants haben bei jedem Wetter die Tische im Freien aufgedeckt.

Sightseeing mit Musse

Auch ein Spaziergang durch die Gärten Jean Arp lohnt sich. Dort sind die Skulpturen installiert, die der Künstler der Stadt geschenkt hat. Die Einheimischen empfehlen zudem, in der Höhe spazieren zu gehen. Der See sei im Winter von oben betrachtet besonders schön. Die Strasse, die vom Monte Verità nach Ronco führt, eignet sich gut dafür – und die Parkanlagen des Monte Verità sind ebenfalls einen Besuch wert. Das Teehaus ist im Winter an den Wochenenden geöffnet.

Und dann wäre es endlich an der Zeit, einmal das UNESCO Weltkulturerbe zu besichtigen, an dem man auf dem Weg in den Süden immer vorbeifährt, die drei mittelalterlichen Burgen von Bellinzona. Castelgrande, Montebello und die hoch über der Stadt thronende Sasso Corbaro sind ganzjährig zugänglich, und auch das Restaurant und die Infostelle im Castelgrande sind geöffnet. Bequeme Schuhe sind für diesen Ausflug ein Muss, allein schon die begehbaren Wehrmauern ziehen sich fast endlos hin. Wer dann aber im Innenhof von Sasso Corbaro ankommt und vor der kleinen Kapelle steht, die der heiligen Barbara gewidmet ist, fühlt sich extrem gut. Vom Hauptturm aus, der bis zu vier Meter dicke Mauern hat, sieht man bei gutem Wetter bis zum Lago Maggiore. Ein Besuch der Osteria im Innenhof, wo Luzzi Athos seit zehn Jahren mit viel Herzblut und Elan wirtet, ist ein Muss. Die Küche ist streng terroirgerecht auf regionale und saisonale Produkte ausgerichtet und mit dem Slow Food-Gütesiegel ausgezeichnet. Keine Frage: Im Winter lässt es sich im Tessin sehr gut sein.

Als Winterreiseziel noch ein Insidertipp: der Lago Maggiore bei Brissago.

Was wo wie viel

Unterkunft **Hotel Giardino Lago,** Via alla Riva 2, 6648 Minusio, T +41 91 786 95 95, welcome@giardino-lago.ch, www.giardino-lago.ch, 14 Zimmer und eine Suite, Doppelzimmer ab CHF 250 inkl. Frühstück, Einzelzimmer ab CHF 150, mit Halbpension ab CHF 400 bzw. CHF 225.

Anreise Mit der Bahn nach Locarno und von dort mit dem Taxi in die Via alla Riva.

Essen/Trinken **7 Easy,** Piazza G. Motta 61, 6612 Ascona, T +41 91 780 77 71, easy@seven-ascona.ch, www.seven-ascona.ch, offen täglich 9–24 Uhr.

Osteria Castello di Sasso Corbaro, Via Sasso Corbaro 44, 6500 Bellinzona, T +41 91 825 55 32, osteriasassocorbaro@gmail.com, www.osteria-sassocorbaro.com, Küche Di–So 12–14 und Di–Sa 19–21 Uhr.

Shopping **Casa del Gusto,** Via Beato P. Berno 3, 6612 Ascona, T +41 91 791 95 30, ascona@casadelgusto.ch, www.casadelgusto.ch, offen Sa 11–16 Uhr oder auf Voranmeldung.

Ity Outlet, Viale Monte Verità 11, 6612 Ascona, T +41 91 791 03 12, info@ityoutlet.ch, www.ityoutlet.ch, offen Mo–Fr 9.30–18.30, Sa 9.30–18 Uhr, von März bis November auch So 10–18 Uhr.

Galleria Borgo, Via Beato P. Berno 5, 6612 Ascona, T +41 91 791 36 45, info@galleriaborgo.ch, www.galleria-borgo.ch, offen auf Anmeldung unter T +41 79 337 28 02.

Sehenswertes **Castelli di Bellinzona,** im Winter offen von 10–17, teilweise bis 18 Uhr, Eintritt CHF 5, Kinder CHF 2.

Monte Verità, Via Collina 84, 6612 Ascona, T +41 91 785 40 40, info@monteverita.org, www.monteverita.org, das Teehaus (Casa del Tè) ist von November bis März Fr–So 13.30–18 Uhr geöffnet.

Wellness/Bad **dipiù Spa by Giardino,** Via del Segnale 10, 6612 Ascona, T +41 91 785 88 10, spa@giardino.ch, www.giardino.ch, offen Sa–So 11–20 Uhr, Sauna 14–20 Uhr, für Gäste des Hotels Giardino Lago gratis.

Lido Locarno, Via Respini 11, 6601 Locarno, T +41 91 759 90 00, info@lidolocarno.ch, www.lidolocarno.ch, täglich geöffnet 8.30–21 Uhr, Eintritt inkl. Rutschbahnen CHF 17, Kinder CHF 10.50.

Bildnachweis

Wo nicht anders vermerkt, stammen die Fotos von Gabrielle Attinger.

Umschlag oben: Robert Bösch

S. 10 l., 13 Adrian Vieli ©Visit Vals; S. 17 Stefan Egger; S. 20 l. Beatrix Colijn; S. 22 Photopress / Jürg Müller; S. 23 Photopress/Arno Balzarini; S. 25 Dara Colijn; S. 26, 31, 32, 33 Andrea Badrutt, Chur; S. 34, 36, 38 l. swiss-image.ch / Robert Bösch; S. 38 r., 39 r. swiss-image.ch / Daniel Martinek; S. 39 l. swiss-image.ch / Michael Mettler; S. 41 swiss-image.ch / Christof Sonderegger; S. 48 Sportbahnen Melchsee-Frutt; S. 49 Alessandro Della Bella; S. 50 Heidi Duss / Luzern Tourismus; S. 52 Eva Kurmann / Luzern Tourismus; S. 56 l. Christian Perret / Luzern Tourismus; S. 58, 62 r., 63 l. UNESCO Biosphäre Entlebuch; S. 71 Zürich Tourismus; S. 74 u. This Wachter; S. 80 r. Ruth Zweifel; S. 84, 88, 91 Toggenburg Tourismus; S. 96 Rolf Städler; S. 107 Ludwig Berchtold; S. 110 Gstaad Saanenland Tourismus; S. 116 KWO / Rolf Neeser; S. 119 l., 120 l. KWO / Patrizio di Renzo; S. 120 r. KWO / Neil Barcley; S. 126 r., S. 128 r. Hannes Schwarz; S. 129, 131 Verbier St-Bernard Tourismus; S. 132 Marcus Gyger; S. 134, 136 r. Régis Colombo; S. 138 l. Alain Herzog; S. 153 r. Annie Bertram; S. 164, 166 MaggiorepiX.

Pressedienst: S. 11, 15, 18, 20, 21, 29, 30, 37, 38, 44, 45, 53, 61, 62, 64, 69, 70, 73 r., 79 r., 80, 87, 95, 97, 99, 100, 102, 104, 105, 106, 111, 113, 127, 130 r., 135, 142, 143, 151, 152, 155, 159, 161, 162, 163, 167, 168, 171.

Autorin

Gabrielle Attinger (*1957) ist Journalistin BR und leidenschaftliche Reisende. Sie verdiente sich ihr Studium an der Universität Zürich als Reiseleiterin und Réceptionistin auf Kreuzfahrtschiffen und bereiste so die ganze Welt. Nach dem Lizenziat in Germanistik und Philosophie wurde sie Reiseredaktorin. Sie leitete lange den Reisebund der «SonntagsZeitung». Heute ist sie Texterin, freie Journalistin und Buchautorin von mehreren Reiseführern.